생활중국어

생활 중국어

生活汉语

원종민 · 자오룬신 · 서준 지음

중국 현지 실생활에서 필요한 다양한 주제의 중국어 문형을 배워보는 학습서!

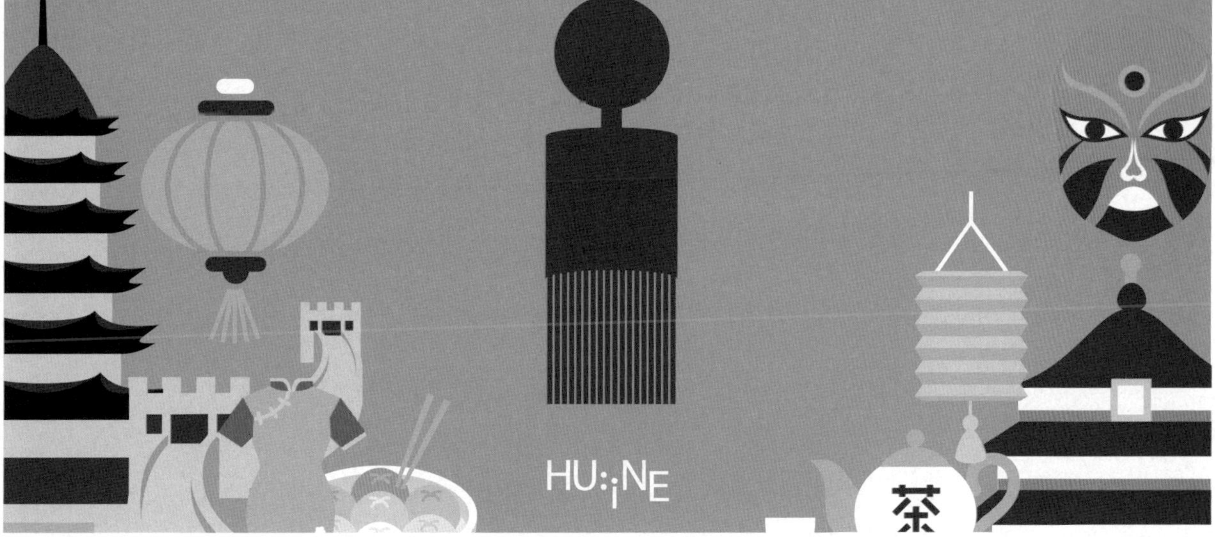

HU:iNE

머리말

이 책은 초·중급 수준의 중국어 학습자들이 중국 현지 실생활에서 유용하게 쓰일 수 있는 중국어 내용으로 구성하였으며 중국어 의사소통의 어려움을 극복하고 다양한 상황에 대비할 수 있습니다.

인사, 감정, 직장생활, 대중교통 총 13개의 주제로 구성되어 있으며 중국 현지에서 경험할 수 있는 상황별 주제에 적합한 중국어 어휘, 표현을 제시하였습니다. 학습자들은 이 내용을 통해 일상생활에서 중국인과의 간단한 대화는 물론 중국 현지를 방문하였을 때 보다 원활한 의사소통을 할 수 있습니다.

매 과마다 5개 문장의 듣기 및 해석 문항, 주제와 어울리는 문화적 상식을 소개하였습니다. 일반 회화 책과 달리 언어적인 표현뿐 아니라 관련된 문화 상식까지 알 수 있어 실제로 활용되는 면에서 더욱 효과적인 학습을 할 수 있습니다.

이 책이 초·중급 수준의 중국어 학습자들 상대하는 분들에게 많은 도움이 되길 기대합니다. 이 책이 나오기까지 함께 애써주신 사이버한국외국어대학교 중국어학부의 자오룬신 교수님, 많은 조언을 주신 장린자 교수님께 감사드리며, 흔쾌히 출판을 도와주신 한국외국어대학교 지식출판원의 신선호 팀장님과 김민정 선생님께도 감사 드립니다.

2017년 2월 저자 씀

목차

머리말 5

01장 问候 인사 관련 표현

- **1-1** 初次见面 초면 인사 15
- **1-2** 自我介绍 자기 소개 18
- **1-3** 交换联系方式 연락처 교환 21
- **1-4** 转达问候 안부 부탁 24
- **1-5** 告别 작별 인사 27

02장 人际关系常用句 대인관계 관련 표현

- **2-1** 感谢 감사 33
- **2-2** 道歉 사과 36
- **2-3** 祝贺 축하 39
- **2-4** 请求 부탁 42
- **2-5** 约会 약속 45

03장 感情表达常用句 감정 표현

3-1 高兴 기쁨 ··· 51
3-2 悲伤(不满、生气、讨厌) 슬픔(불만, 화남, 짜증) ··· 54
3-3 担忧 걱정 ··· 57
3-4 感叹 감탄 ··· 60
3-5 称赞 칭찬 ··· 63

04장 职场常用句 직장 생활 관련 표현

4-1 介绍职业 직업 소개 ··· 69
4-2 工作条件 근무 환경 ··· 72
4-3 主持会议 회의 진행 ··· 75
4-4 办公用品的使用 사무기기 사용 ··· 78
4-5 人事变动 인사 이동 ··· 81

05장 出入境常用句 출·입국 관련 표현

5-1 入境 입국 ··· 87
5-2 拿取行李 수하물 수취 ··· 91
5-3 回国 귀국 ··· 94
5-4 机场广播 탑승 안내 청취 ··· 98
5-5 机内服务 기내 서비스 ··· 103

06장 利用交通工具常用句 대중교통 관련 표현

6-1 地铁 지하철 ··· 109
6-2 公共汽车 버스 ··· 112
6-3 出租车 택시 ··· 116
6-4 火车 기차 ··· 119
6-5 租车 렌터카 ··· 123

07장 酒店常用句 호텔 관련 표현

7-1	办理入住	체크인	129
7-2	利用客房服务	룸서비스 이용	133
7-3	利用酒店其他服务	각종 서비스 요청	137
7-4	利用酒店服务设施	호텔 부가시설 이용	141
7-5	退房	체크아웃	145

08장 在餐厅的常用句 식당 관련 표현

8-1	寻找餐厅	식당 찾기	151
8-2	点菜	음식 주문	154
8-3	退菜	주문 취소	158
8-4	买单	식비 계산	162
8-5	快餐	패스트푸드점 이용	166

09장 购物常用句 쇼핑 관련 표현

9-1	购物规划	쇼핑 계획하기	173
9-2	寻找购买物品	물건 찾기	177
9-3	讨价还价	가격 묻기	181
9-4	包装和送货	포장 및 배달 부탁	184
9-5	交换和退货	물건을 교환 또는 환불	188

10장 观光景点常用句 관광 관련 표현

10-1	询问景点	관광지 문의	195
10-2	景点入场	관광지 입장	198
10-3	照相	사진 촬영	202
10-4	购买纪念品	기념품 구입	205
10-5	物品挂失	분실물 신고	209

11장 休闲场所常用句 관광 관련 표현

11-1	在咖啡厅	카페 이용	215
11-2	在超市	마트 이용	218
11-3	在KTV	노래방 이용	221
11-4	在足疗会所	안마 시설 이용	225
11-5	在酒吧	바(bar) 이용	229

12장 紧急情况常用句 긴급 상황 관련 표현

12-1	问路	길 찾기	235
12-2	发生紧急情况	위급 상황 발생	238
12-3	交通事故	교통사고	241
12-4	遭遇强盗	강도 조우	245
12-5	在警察局	경찰서	249

13장 在医院常用句 병원 관련 표현

13-1	诉说病情	통증 호소	255
13-2	紧急救护	응급 구조	258
13-3	到达医院	병원 도착	262
13-4	向医生咨询	의사 상담	266
13-5	购买、服用药品	약품 구입 및 복용	270

정답 ······ 275

생활중국어

01장

问候
wènhòu
인사 관련 표현

1-1

初次见面

chūcì jiànmiàn

초면 인사

들어보세요

1. 见到您很高兴!

   Jiàndào nín hěn gāoxìng!

2. 初次见面请多关照。

   Chūcì jiànmiàn qǐng duō guānzhào.

3. 能认识您我感到很荣幸。

   Néng rènshi nín wǒ gǎndào hěn róngxìng.

4. 久仰大名，早就想拜见您。

   Jiǔyǎng dàmíng, zǎojiù xiǎng bài jiàn nín.

5. 我们好像在哪儿见过。

   Wǒmen hǎoxiàng zài nǎr jiànguo.

해석해 보세요

见到您很高兴！

Jiàndào nín hěn gāoxìng!

만나서 반갑습니다!

初次见面请多关照。

Chūcì jiànmiàn qǐng duō guānzhào.

처음 뵙겠습니다. 잘 부탁합니다.

能认识您我感到很荣幸。

Néng rènshi nín wǒ gǎndào hěn róngxìng.

뵙게 되어 영광입니다.

久仰大名，早就想拜见您。

Jiǔyǎng dàmíng, zǎojiù xiǎng bài jiàn nín.

오래 전부터 한번 찾아뵙고 싶었습니다.

我们好像在哪儿见过。

Wǒmen hǎoxiàng zài nǎr jiànguo.

우리 어디서 본 것 같은데요.

단어를 익혀보세요

关照	guānzhào	동 보살피다
久仰	jiǔ yǎng	존함을 오래전부터 들어 알고 있습니다
好像	hǎoxiàng	부 마치 ~와 같다
荣幸	róngxìng	형 영광스럽다
拜见	bàijiàn	동 찾아뵙다

풀어보세요

다음 빈칸에 알맞은 단어를 선택하세요.

能认识您我感到很______。

① 幸福 xìngfú
② 幸会 xìngyùn
③ 荣幸 róngxìng
④ 荣誉 róngyù

☑ 알아두세요!

想一想：中韩问候方式有区别吗?
한중 양국의 인사법에는 차이가 있을까?

중국에서 두 손을 붙잡고 팔을 어깨높이까지 올려 상대방에게 인사하는 전통인사법을 "拱手 gǒngshǒu"라고 합니다. 이러한 인사법은 정통 무술영화나 시대극에서나 볼 수 있는 인사법입니다. 요즘 중국에서는 서양식 악수가 보편화되어 남녀를 가리지 않고 처음 만난 사이에도 자연스럽게 악수를 나눕니다 .

1-2

自我介绍

zìwǒ jièshào

자기 소개

들어보세요

1. 我来介绍一下我自己。

   Wǒ lái jièshào yíxià wǒ zìjǐ.

2. 我姓赵，叫赵润馨。

   Wǒ xìng Zhào, jiào Zhào rùnxīn.

3. 你就叫我的名字吧。

   Nǐ jiù jiào wǒ de míngzi ba.

4. 我在CYBER韩国外大工作。

   Wǒ zài CYBER Hánguó Wàidà gōngzuò.

5. 这是我第一次来中国。

   Zhè shì wǒ dì yī cì lái Zhōngguó.

해석해 보세요

我来介绍一下我自己。
Wǒ lái jièshào yíxià wǒ zìjǐ.
제 소개를 하겠습니다.

我姓赵，叫赵润馨。
Wǒ xìng Zhào, jiào Zhào rùnxīn.
저는 성이 짜오씨고, 짜오룬신이라고 합니다.

你就叫我的名字吧。
Nǐ jiù jiào wǒ de míngzi ba.
제 이름으로 불러주세요.

我在CYBER韩国外大工作。
Wǒ zài CYBER Hánguó Wàidà gōngzuò.
저는 사이버 한국외대에서 일합니다.

这是我第一次来中国。
Zhè shì wǒ dì yī cì lái Zhōngguó.
이번이 저는 중국 첫 방문입니다.

단어를 익혀보세요

介绍	jièshào	동 소개하다
一下	yíxià	양 시험삼아 해보다. 좀~하다
叫	jiào	동 부르다
工作	gōngzuò	동 일하다 명 일

풀어보세요

중국어 세 마디를 사용해서 자기소개를 해보세요.

☑ 알아두세요!

想一想："씨"的中文是什么？

"○○○씨"를 중국어로 뭐라고 할까요?

한국인들은 상대방을 부를 때 이름 뒤에 '○○○씨', '○○○님'이라는 표현을 붙여 사용하는 경우가 많습니다. 물론 중국어에도 이와 비슷한 '○○○先生(○○○선생)', '小姐(○○○아가씨)'라는 표현이 있지만, 중국에서는 친분의 정도와 상관없이 상대의 성을 포함한 이름을 부르는 것이 일반적입니다.

1-3

交换联系方式

jiāohuàn liánxì fāngshì

연락처 교환

들어보세요

1. 我该怎么称呼您?

   Wǒ gāi zěnme chēnghu nín?

2. 这是我的名片。

   Zhè shì wǒ de míngpiàn.

3. 您能给我一个联系方式吗?

   Nín néng gěi wǒ yíge liánxì fāngshì ma?

4. 不好意思，我没有带名片，下次再给你吧。

   Bùhǎoyìsi, wǒ méi yǒu dài míngpiàn, xiàcì zài gěi nǐ ba.

5. 麻烦您把手机号再说一遍。

   Máfan nín bǎ shǒujīhào zài shuō yí biàn.

해석해 보세요

我该怎么称呼您?

Wǒ gāi zěnme chēnghu nín?

호칭을 어떻게 하면 되겠습니까?

这是我的名片。

Zhè shì wǒ de míngpiàn.

이것은 제 명함입니다.

您能给我一个联系方式吗?

Nín néng gěi wǒ yí ge liánxì fāngshì ma?

저에게 연락처를 주실 수 있습니까?

不好意思,我没有带名片,下次再给你吧。

Bùhǎoyìsi, wǒ méi yǒu dài míngpiàn, xiàcì zài gěi nǐ ba.

죄송합니다만, 제게 명함이 없네요, 다음에 드리겠습니다.

麻烦您把手机号再说一遍。

Máfan nín bǎ shǒujīhào zài shuō yí biàn.

실례지만 다시 한 번 (당신의) 휴대폰 번호를 알려주십시오.

단어를 익혀보세요

称呼	chēng hu	동 부르다 명 호칭
名片	míng piàn	명 명함
联系	lián xì	동 연락하다 명 연락
麻烦	má fan	형 귀찮다 동 귀찮게 하다

풀어보세요

다음 빈칸에 알맞은 단어를 선택하세요.

不好意思，我没有带____，下次再给你吧。

죄송합니다만 제게 명함이 없네요, 다음에 드리겠습니다.

① 名字 míngzi

② 照片 zhàopiàn

③ 手机 shǒujī

④ 名片 míngpiàn

☑ 알아두세요!

想一想 ： 中国人常用的联系方式有哪些?

중국인이 상용하는 SNS에는 무엇이 있나요?

중국의 대표적인 SNS에는 QQ, 微信Wēixìn,微博 Wēibó가 있습니다. QQ는 한국의 네이트 온과 같은 기능을 하며, 微信 Wēixìn은 한국의 카카오톡, 微博 Wēibó는 중국의 트위터를 말합니다.

1-4

转达问候

zhuǎndá wènhòu

안부 부탁

들어보세요

1. 您的家人都好吗?

   Nín de jiārén dōu hǎo ma?

2. 代我向您的父母问好。

   Dài wǒ xiàng nín de fù mǔ wènhǎo.

3. 我给你的孩子准备了一些礼物。

   Wǒ gěi nǐ de háizi zhǔnbèi le yìxiē lǐwù.

4. 希望有机会能拜访你的家人。

   Xīwàng yǒu jīhuì néng bàifǎng nǐ de jiārén.

5. 我的父母让我向您问好。

   Wǒ de fùmǔ ràng wǒ xiàng nín wènhǎo.

해석해 보세요

您的家人都好吗?

Nín de jiārén dōu hǎo ma?

가족 분들은 모두 건강하십니까?

代我向您的父母问好。

Dài wǒ xiàng nín de fù mǔ wènhǎo.

제 대신 부모님께 안부 인사 전해주세요.

我给你的孩子准备了一些礼物。

Wǒ gěi nǐ de háizi zhǔnbèi le yìxiē lǐwù.

아이들의 선물을 준비했습니다.

希望有机会能拜访你的家人。

Xīwàng yǒu jīhuì néng bàifǎng nǐ de jiārén.

기회가 된다면 가족 분들을 직접 찾아뵙고 싶습니다.

我的父母让我向您问好。

Wǒ de fùmǔ ràng wǒ xiàng nín wènhǎo.

저희 부모님께서 안부 인사를 전해 달라고 하셨습니다.

단어를 익혀보세요

家人	jiārén	명 가족
代	dài	동 대신하다
拜访	bàifang	동 방문하다
向	xiàng	개 ~에게

풀어보세요

다음 중국어 문장의 해석이 옳은 것은?

① 希望有机会能拜访你的家人。
제 대신 가족들에게 안부 전해 주세요.

② 我的父母让我向您问好。
제 대신 가족들에게 안부 전해 주세요.

③ 代我向您的父母问好。
저의 부모님께서 안부 전해 달라고 하셨습니다.

④ 我给你的孩子准备了一些礼物。
저는 아이들의 선물을 준비했습니다.

알아두세요!

想一想 ："朋友的妈妈"应该怎么称呼?

친구의 어머니를 어떻게 불러야 할까요?

한국에서는 친구의 어머니를 '어머니'라고 호칭하는 경우가 많습니다. 그러나 중국에서 친구의 어머니를 칭할 때 '妈妈(어머니)'라고 한다면 다른 이의 오해를 살 수 있습니다. 중국에서는 친구의 어머니를 '阿姨 āyí (아주머니)'라는 표현으로 지칭합니다.

1-5

告别
gàobié
작별 인사

들어보세요

1. 请慢走。

   Qǐng mànzǒu.

2. 请留步。

   Qǐng liúbù.

3. 我先失陪了。

   Wǒ xiān shīpéi le.

4. 有空常来。

   Yǒu kòng cháng lái.

5. 希望以后有机会再见!

   Xīwàng yǐhòu yǒu jīhuì zàijiàn!

해석해 보세요

请慢走。
Qǐng mànzǒu.
안녕히 가세요.

请留步。
Qǐng liúbù.
나오지 마세요.

我先失陪了。
Wǒ xiān shīpéi le.
먼저 실례하겠습니다.(자리를 뜰 때 인사말)

有空常来。
Yǒu kōng cháng lái.
시간 있을 때 자주 오세요.

希望以后有机会再见!
Xīwàng yǐhòu yǒu jīhuì zàijiàn!
다시 뵐 수 있기를 바랍니다!

단어를 익혀보세요

慢走	màn zǒu	동 안녕히 가세요 (주인이 손님을 배웅할 때 하는 말)
留步	liú bù	동 나오지 마십시오 (손님이 배웅하는 주인에게 하는 말)
失陪	shīpéi	동 먼저 실례하겠습니다 (먼저 자리를 뜰 때 하는 말)
常	cháng	부 자주. 언제나

풀어보세요

다음 빈칸에 알맞은 단어를 선택하세요.

> 有空______。
> 시간 있으면 자주 오세요.

① 留步 liúbù
② 常来 cháng lái
③ 失陪 shīpéi
④ 慢走 mànzǒu

알아두세요!

想一想 ： 告别的时候中国人经常说什么?

헤어질 때 중국인은 항상 어떻게 말할까요?

중국인들이 친구와 헤어질 때 어떤 인사말을 주고받을까요? 물론 지금도 '再见'이라는 말을 많이 사용하지만, 최근 중국 내에서도 외래어 사용이 급증하여 젊은이들 사이에서는 '拜拜 bye-bye'라는 말을 많이 씁니다. 주의할 점은 원래 '拜'는 제4성의 'bài'로 발음해야 하지만 영어식 인사말 '拜拜 bye-bye'로 사용할 때는 báibai로 발음해야 합니다.

02장

人际关系常用句

rénjìguānxì chángyòng jù

대인관계 관련 표현

2-1

感谢

gǎnxiè

감사

들어보세요

1. 让您费心了，谢谢。

   Ràng nín fèixīn le, xièxie。

2. 谢谢您的盛情款待。

   Xièxie nín de shèngqíng kuǎndài.

3. 真不知道该怎么感谢你。

   Zhēn bù zhīdao gāi zěnme gǎnxiè nǐ.

4. 您那么说实在是太客气了。

   Nín nàme shuō shízài shì tài kèqi le.

5. 能帮助你是我的荣幸。

   Néng bāngzhù nǐ shì wǒ de róngxìng.

해석해 보세요

让您费心了，谢谢。
Ràng nín fèixīn le, xièxie。
신경 써 주셔서 감사합니다.

谢谢您的盛情款待。
Xièxie nín de shèngqíng kuǎndài.
친절히 환대해 주셔서 감사합니다.

真不知道该怎么感谢你。
Zhēn bù zhīdào gāi zěnme gǎnxiè nǐ.
정말 뭐라고 감사의 말씀 드려야 할지 모르겠습니다.

您那么说实在是太客气了。
Nín nàme shuō shízài shì tài kèqi le.
너무 겸손하신 말씀이십니다.

能帮助你是我的荣幸。
Néng bāngzhù nǐ shì wǒ de róngxìng .
도움이 되셨다니 영광입니다.

단어를 익혀보세요

费心	fèixīn	동 마음을 쓰다
盛情	shèngqíng	명 두터운 정. 후의
款待	kuǎndài	동 정성껏 대접하다
实在	shízài	부 정말. 참으로
客气	kèqi	형 겸손하다. 예의바르다

풀어보세요

다음 빈칸에 알맞은 단어를 선택하세요.

您那么说实在是太________了。

① 麻烦 máfan

② 感谢 gǎnxiè

③ 荣幸 róngxìng

④ 客气 kèqi

알아두세요!

想一想：听到"谢谢"的时候应该怎么回应呢?

"고맙습니다"는 말을 들었을 때 어떻게 해야 할까요?

중국에서 고맙다는 인사를 하면, '不客气 **bú kèqi**'라는 말 외에 많은 사람들이 '没事 **méishì**'라고 합니다. 이 '没事 **méishì**'라는 말 역시 '괜찮아요', '뭘요'라는 의미를 가지고 있습니다. 그런데 이것을 해석하면 '일 없어요!'라는 의미가 됩니다. 에시로 징밀 고마움을 느껴서 "谢谢"라고 했는네, 상대방이 "没事"한다고 해서 화를 내는 일은 없어야겠지요!

2-2

道歉

dàoqiàn

사과

들어보세요

1. 真不好意思，我太大意了。

   Zhēn bùhǎo yìsi, wǒ tài dàyì le.

2. 我不是故意那么做的。

   Wǒ bú shì gùyì nàme zuò de.

3. 对不起，路上堵车，让你等了这么久。

   Duì buqǐ, lù shang dǔchē, ràng nǐ děng le zhème jiǔ.

4. 别想太多，这跟你没关系。

   Bié xiǎng tài duō, zhè gēn nǐ méi guānxi.

5. 没事儿，以后要多注意。

   Méi shìr, yǐhòu yào duō zhùyì.

해석해 보세요

真不好意思，我太大意了。

Zhēn bùhǎo yìsi, wǒ tài dàyì le.

정말 미안해요, 제가 너무 부주의 했습니다.

我不是故意那么做的。

Wǒ bú shì gùyì nàme zuò de.

제가 일부러 한 것은 아닙니다.

对不起，路上堵车，让你等了这么久。

Duì buqǐ, lù shang dǔchē, ràng nǐ děng le zhème jiǔ.

미안해요, 길이 막혀서 오래 기다리게 했습니다.

别想太多，这跟你没关系。

Bié xiǎng tài duō, zhè gēn nǐ méi guānxi.

너무 많이 생각하지 마세요, 이 일은 당신과 상관없습니다.

没事儿，以后要多注意。

Méi shìr, yǐhòu yào duō zhùyì.

괜찮아요, 앞으로 주의하면 됩니다.

단어를 익혀보세요

大意	dàyì	형 소홀하다
故意	gùyì	부 고의로. 일부러 명 고의
堵车	dǔchē	동 차가 막히다
跟	gēn	개 ~와(과)
注意	zhùyì	동 주의하다. 조심하다

풀어보세요

다음 중 不好意思의 의미와 같은 말은?

① 没关系 méi guānxi

② 没问题 méi wèntí

③ 没办法 méi bànfǎ

④ 对不起 Duì buqǐ

알아두세요!

想一想：中国人做错时怎么道歉呢?

중국인은 잘못 했을 때 어떻게 사과할까요?

한국인들은 큰 실수를 저지르거나 잘못을 했을 때, 상대방 앞에 무릎을 꿇고 두 손을 비비면서 용서를 빕니다. 그러나 중국에서는 '跪天, 跪地, 跪父母 guìtiān, guìdì, guìfùmǔ'라고 해서 '하늘과 땅, 부모님에게만 무릎을 꿇고, 어떤 사람에게도 무릎을 꿇지 않는다'는 말이 있을 정도로 다른 이 앞에서 무릎을 꿇는 경우가 거의 없습니다. 상대방에게 가벼운 사과를 표현 할 때는, '对不起 Duì buqǐ' 보다는 '不好意思 bùhǎoyìsi'라는 말을 더 자주 사용합니다.

2-3 祝贺

zhùhè

축하

들어보세요

1. 恭喜你被录取了。

   Gōngxǐ nǐ bèi lùqǔ le.

2. 祝贺你升职。

   Zhù hè nǐ shēngzhí.

3. 祝你生意兴隆!

   Zhù nǐ shēngyì xīnglóng!

4. 同喜，同喜!

   Tóng xǐ , tóng xǐ!

5. 多亏大家才有今天。

   Duō kuī dàjiā cái yǒu jīntiān.

해석해 보세요

恭喜你被录取了。

Gōngxǐ nǐ bèi lùqǔ le.

합격을 축하합니다.

祝贺你升职。

Zhù hè nǐ shēngzhí.

승진을 축하합니다.

祝你生意兴隆！

Zhù nǐ shēngyì xīnglóng!

사업이 번창하시기를 바랍니다.

同喜，同喜！

Tóng xǐ, tóng xǐ!

기쁜 일은 함께 나누어야죠! (축하 받을 때 인사말)

多亏大家才有今天。

Duō kuī dàjiā cái yǒu jīntiān.

여러분 덕분에 오늘이 있을 수 있었습니다.

단어를 익혀보세요

录取	lùqǔ	동 채용하다. 합격시키다
升职	shēngzhí	동 승진하다
生意兴隆	shēngyì xīnglóng	동 사업이 번창하다
同喜	tóngxǐ	동 기쁜 일을 함께 나누다
多亏	duōkuī	동 은혜를 입다. 덕분이다

풀어보세요

다음 빈칸에 알맞은 단어를 선택하세요.

恭喜 你 被________了。

합격을 축하합니다.

① 录取 lùqǔ

② 取得 qǔdé

③ 录像 lùxiàng

④ 录音 lùyīn

☑ 알아두세요!

想一想：参加婚礼的时候放钱的信封是什么颜色的?

결혼식에 참석할 때 축의금을 넣은 봉투의 색깔은?

중국에서는 결혼식 축의금, 명절 세뱃돈, 특별 상여금 등을 줄 때 '红包 hóngbāo'라는 빨간색 봉투를 사용합니다. 장례식장에서 조의를 표할 때에만 흰색 봉투에 검은색 글씨가 적힌 봉투를 사용합니다. 특히 주의해야 할 것은 중국에서는 절대로 아무 때나 화환을 보내서는 안 된다는 사실입니다. 중국에서 화환은 고인을 애도하는 의미를 담고 있기 때문에 화환이 아무리 화려하고 아름답다 할지라도 결혼식장에 보내는 것은 큰 실례를 범하게 되는 것입니다.

2-4

请求
qǐngqiú
부탁

들어보세요

1. 可以拜托你一件事吗?
Kěyi bàituō nǐ yí jiàn shì ma?

2. 麻烦你，帮我拿一下这个包，好吗?
Máfan nǐ, bāng wǒ ná yíxià zhè ge bāo, hǎoma?

3. 不好意思，能让我过去吗?
Bùhǎoyìsi, néng ràng wǒ guòqù ma?

4. 我　一定尽力而为。
Wǒ yídìng jìnlì'érwéi.

5. 我实在是无能为力啊。
Wǒ shízài shì wúnéngwéilì a.

해석해 보세요

可以拜托你一件事吗?

Kěyi bàituō nǐ yí jiàn shì ma?

부탁 하나 드려도 괜찮을까요?

麻烦你，帮我拿一下这个包，好吗?

Máfan nǐ, bāng wǒ ná yíxià zhè ge bāo, hǎoma?

수고스럽지만 이 가방 좀 들어 주시겠어요?

不好意思，能让我过去吗?

Bùhǎoyìsi, néng ràng wǒ guòqù ma?

미안하지만 지나갈 수 있을까요?

我一定尽力而为。

Wǒ yídìng jìnlì'érwéi.

최선을 다해 보겠습니다.

我实在是无能为力啊。

Wǒ shízài shì wúnéngwéilì a.

제 힘으로는 부족한 것 같습니다.

단어를 익혀보세요

拜托	bàituō	동 부탁하다
麻烦	máfan	동 귀찮게 하다. 폐를 끼치다
能	néng	동 ~할 수 있다
尽力而为	jìnlì'érwéi	성 최선을 다하다
无能为力	wúnéngwéilì	성 능력이 미치지 못하다

풀어보세요

다음 중국어 문장의 해석이 올바른 것은?

① 可以拜托你一件事吗?

부탁 하나 드려도 괜찮을까요?

② 我一定尽力而为。

제 힘으로는 부족한 것 같습니다.

③ 我实在是无能为力啊。

최선을 다해 도와드리겠습니다.

④ 不好意思，能让我过去吗?

수고스럽겠지만 이 가방 좀 들어 주시겠어요?

알아두세요!

想一想：中国人说的“关系”是什么呢?

중국인이 말하는 '关系 guānxi'란 무엇일까요?

한국의 보도기사에서 중국 관련 기사 중 '关系 guānxi'와 관련된 대다수의 기사내용은 중국사회의 어두운 면을 조명할 때가 많습니다. 이는 일반적으로 한국인의 인식 속에 '关系'라는 말이 '뒷거래를 하다'는 의미의 '走后门 zǒuhòumén'과 같은 부정적 의미로 각인되어 있기 때문입니다. 그러나 중국에서는 '师生关系 shīshēng guānxì 사제관계'와 같이 긍정적인 의미로도 자주 사용됩니다.

2-5

约会
yuēhuì
약속

들어보세요

1. 这个周末你有空吗?
   Zhè ge zhōumò nǐ yǒu kòng ma?

2. 你几点方便?
   Nǐ jǐ diǎn fāngbiàn?

3. 抱歉，今天我突然有事儿，咱们改天见吧!
   Bàoqiàn, jīntiān wǒ tūrán yǒu shìr, zánmen gǎitiān jiàn ba!

4. 这个周末我已经有约了。
   Zhè ge zhōumò wǒ yǐjīng yǒu yuē le.

5. 我整天都在办公室里，你随时都可以来。
   Wǒ zhěngtiān dōu zài bàngōngshì li, nǐ suíshí dōu kěyi lái.

해석해 보세요

这个周末你有空吗?
Zhè ge zhōumò nǐ yǒu kòng ma?
이번 주말에 시간 있으세요?

你几点方便?
Nǐ jǐ diǎn fāngbiàn?
몇 시가 편하세요?

抱歉，今天我突然有事儿，咱们改天见吧!
Bàoqiàn, jīntiān wǒ tūrán yǒu shìr, zánmen gǎitiān jiàn ba!
죄송하지만 오늘 갑자기 일이 있어서 우리 다른 날에 만납시다!

这个周末我已经有约了。
Zhè ge zhōumò wǒ yǐjīng yǒu yuē le.
저는 이번 주말에 이미 선약이 있습니다.

我整天都在办公室里，你随时都可以来。
Wǒ zhěng tiān dōu zài bàngōngshì li, nǐ suíshí dōu kěyǐ lái.
저는 하루 종일 사무실에 있으니 아무 때나 오셔도 됩니다.

단어를 익혀보세요

周末	zhōumò	명 주말
方便	fāngbiàn	형 편리하다
抱歉	bàoqiàn	동 미안해하다. 죄송해하다
已经	yǐjīng	부 이미. 벌써
随时	suíshí	부 언제나. 아무 때나

풀어보세요

다음 빈칸에 알맞은 단어를 선택하세요.

这个周末我已经有______了。

이번 주말에 저는 이미 선약이 있습니다.

① 先约 xiānyuē

② 约定 yuēdìng

③ 约好 yuēhǎo

④ 约 yuē

알아두세요!

想一想："下次一起吃饭吧。"下次到底是什么时候？

"다음에 같이 밥 한 번 먹어요."라는 말에서 '다음'이라는 말은 도대체 언제일까요?

중국인들은 보통 식사약속을 할 때 시간을 구체적으로 정하는 특징이 있기 때문에 중국인에게 인사치레로 "우리 다음에 밥 한 번 같이 먹읍시다."라고 말을 하는 것은 실례가 될 수도 있습니다.

03장

感情表达常用句

gǎnqíng biǎodá chángyòng jù

감정 표현

3-1

高兴

gāoxìng

기쁨

들어보세요

1. 我无法用语言来表达现在的心情。
   Wǒ wúfǎ yòng yǔyán lái biǎodá xiànzài de xīnqíng.

2. 听到这个消息，我真替你高兴。
   Tīngdào zhè ge xiāoxi, wǒ zhēn tì nǐ gāoxìng.

3. 真希望就这样直到永远！
   Zhēn xīwàng jiù zhèyàng zhídào yǒngyuǎn!

4. 我今天太走运了！
   Wǒ jīntiān tài zǒuyùn le!

5. 他们高兴得都合不上嘴了。
   Tāmen gāoxìng de dōu hébushàng zuǐ le.

해석해 보세요

我无法用语言来表达现在的心情。

Wǒ wúfǎ yòng yǔyán lái biǎodá xiànzài de xīnqíng.

지금의 심정을 말로 표현할 수가 없어요.

听到这个消息，我真替你高兴。

Tīngdào zhè ge xiāoxi, wǒ zhēn tì nǐ gāoxìng.

그 말을 들으니 제가 더 기쁩니다.

真希望就这样直到永远！

Zhēn xīwàng jiù zhèyàng zhídào yǒngyuǎn!

영원히 지금 같았으면 좋겠습니다!

我今天太走运了！

Wǒ jīntiān tài zǒuyùn le!

오늘은 정말 운이 좋네요!

他们高兴得都合不上嘴了。

Tāmen gāoxìng de dōu hébushàng zuǐ le.

그들은 너무 기뻐 입을 다물지 못 합니다.

단어를 익혀보세요

无法	wúfǎ	동 방법이 없다
替	tì	개 (~을) 위하여
走运	zǒuyùn	동 운이 좋다
合不上	hébushàng	닫지 못하다. (입을) 다물지 못하다

풀어보세요

다음 빈칸에 알맞은 단어를 선택하세요.

他们高兴得都______嘴了。

그들은 너무 기뻐 입을 다물지 못 합니다.

① 张开 zhāngkāi

② 打开 dǎkāi

③ 合得来 hédelái

④ 合不上 hébushàng

알아두세요!

想一想："哈哈，你实在太有意思了！"

"하하, 정말 재미있으시군요!"

'하하', '호호'하는 사람들의 웃음소리는 언제나 아름답게 들립니다. 그러나 외국어를 배우는 학생들의 입장에서 웃음소리와 같은 목표언어의 의성어나 의태어는 자칫 어렵게 느껴질 수 있습니다. 중국어로 이런 웃음소리들은 어떻게 표현할까요? 중국어의 웃음소리에는 '哈哈 hāha', '呵呵hēhē', '嘻嘻 xīxī'등이 있는데, 의미하는 바가 상황에 따라 조금씩 달라질 수 있습니다.

3-2

悲伤(不满、生气、讨厌)

bēishāng(bùmǎn、shēngqì、tǎoyàn)

슬픔(불만, 화남, 짜증)

들어보세요

1. 我感觉天都要塌下来了。

   Wǒ gǎnjué tiān dōu yào tā xiàlái le.

2. 我心情不好，你最好别惹我。

   Wǒ xīnqíng bù hǎo, nǐ zuìhǎo bié rě wǒ.

3. 滚！马上从我眼前消失。

   Gǔn! Mǎshàng cóng wǒ yǎnqián xiāoshī.

4. 你怎么那么讨厌！

   Nǐ zěnme nàme tǎoyàn!

5. 你一定要挺住。

   Nǐ yídìng yào tǐngzhù.

해석해 보세요

我感觉天都要塌下来了。

Wǒ gǎnjué tiān dōu yào tāxiàlái le.

하늘이 무너지는 것 같아요.

我心情不好，你最好别惹我。

Wǒ xīnqíng bù hǎo, nǐ zuìhǎo bié rě wǒ.

기분이 좋지 않으니까 날 그냥 내버려 두는 게 좋을 거예요.

滚！马上从我眼前消失！

Gǔn! Mǎshàng cóng wǒ yǎnqián xiāoshī.

가! 당장 내 눈 앞에서 사라지라고!

你怎么那么讨厌！

Nǐ zěnme nàme tǎoyàn!

어쩜 그렇게 꼴보기 싫어요!

你一定要挺住。

Nǐ yídìng yào tǐngzhù.

꼭 버텨내야 합니다.

단어를 익혀보세요

塌	tā	동 내려앉다
惹	rě	동 상대방의 기분을 건드리다
消失	xiāoshī	동 사라지다
讨厌	tǎoyàn	형 밉다. 밉살스럽다
挺住	tǐngzhù	동 견디어 내다. 버티다

풀어보세요

'挺住'와 의미가 같은 말은?

① 站住 zhànzhù

② 坚持住 jiānchízhù

③ 记住 jìzhù

④ 停住 tíngzhù

알아두세요!

想一想：你知道中国的葬礼文化吗?

"중국의 장례문화에 대해 알고 있나요?"

중국에서는 지역에 따라 약간의 차이는 있지만 일반적으로 상을 당하게 되면 가정에서 장례식을 치룹니다. 한국의 장례식처럼 많은 사람들이 찾아오지는 않고, 평소 고인과 절친하게 지냈던 지인들만 참석하여 고인을 애도하면서 장례식을 치룹니다.

3-3

担忧

dānyōu

걱정

들어보세요

1. 他会不会出了什么事?

   Tā huìbúhuì chū le shénme shì?

2. 我总有种不详的预感。

   Wǒ zǒng yǒu zhǒng bùxiáng de yùgǎn.

3. 还没联系到他，我现在急得就像热锅上的蚂蚁。

   Hái méi liánxìdào tā, wǒ xiànzài jí de jiù xiàng règuō shang de mǎyǐ.

4. 担心也解决不了什么问题，听天由命吧。

   Dānxīn yě jiějuébuliǎo shénme wèntí, tīngtiānyóumìng ba.

5. 放心吧，什么事都不会有的。

   Fàngxīn ba, shénme shì dōu bú huì yǒu de.

해석해 보세요

他会不会出了什么事?

Tā huìbúhuì chū le shénme shì?

그에게 무슨 일이 생긴 것은 아닐까요?

我总有种不详的预感。

Wǒ zǒng yǒu zhǒng bùxiáng de yùgǎn.

자꾸만 불길한 예감이 들어요.

还没联系到他，我现在急得就像热锅上的蚂蚁。

Hái méi liánxìdào tā, wǒ xiànzài jí de jiù xiàng règuō shang de mǎyǐ.

아직 그와 연락이 되지 않아요, 정말 불안해서 못 견디겠어요.

担心也解决不了什么问题，听天由命吧。

Dānxīn yě jiějuébuliǎo shénme wèntí, tīngtiānyóumìng ba.

걱정을 한다 해도 아무 소용이 없으니, 운에 맡겨봅시다.

放心吧，什么事都不会有的。

Fàngxīn ba, shénme shì dōu bú huì yǒu de.

안심하세요, 아무 일도 일어나지 않을 거예요.

단어를 익혀보세요

不祥	bùxiáng	형 상서롭지 않다
预感	yùgǎn	명 예감
解决	jiějué	동 해결하다
听天由命	Tīngtiānyóumìng	성 운에 맡기다

풀어보세요

다음 빈칸에 알맞은 단어를 선택하세요.

还没联系到他，我现在急得就像热锅上的____。

① 蟑螂 zhāngláng
② 蚂蚁 mǎyǐ
③ 蜘蛛 zhīzhū
④ 蜈蚣 wúgōng

알아두세요!

想一想：怎么可以在长辈面前叹气呢！
어른 앞에서 한숨을 쉬다니!

한국에서는 젊은 사람이 연장자 앞에서 길게 한숨을 쉬게 되면 자칫 예의 없는 사람으로 비쳐지기도 합니다. 중국에서는 상대방 앞에서 길게 한숨을 쉬더라도 크게 예의에 벗어나지 않습니다. 만약 중국의 어린 학생이 당신 앞에서 한숨을 쉬더라도 문화차이로 이해를 해 주는 게 좋습니다.

3-4

感叹
gǎntàn
감탄

들어보세요

1. 哇，这里真是太美了！

Wà, zhè li zhēnshì tài měi le!

2. 这道菜简直太美味了！

Zhè dào cài jiǎnzhí tài měiwèi le!

3. 那座建筑物真雄伟！

Nà zuò jiànzhùwù zhēn xióngwěi!

4. 这部电影太有意思了！

Zhè bù diànyǐng tài yǒuyìsi le!

5. 这个照相机的功能真赞！

Zhè ge zhàoxiàngjī de gōngnéng zhēn zàn!

해석해 보세요

哇，这里真是太美了！

Wà, zhè li zhēnshì tài měi le!

와, 여기 정말 아름답네요!

这道菜简直太美味了！

Zhè dào cài jiǎnzhí tài měiwèi le!

이 요리 정말 맛있네요!

那座建筑物真雄伟！

Nà zuò jiànzhùwù zhēn xióngwěi!

저 건축물은 정말 웅장하네요!

这部电影太有意思了！

Zhè bù diànyǐng tài yǒuyìsi le!

이 영화 정말 재미있네요!

这个照相机的功能真赞！

Zhè ge zhàoxiàngjī de gōngnéng zhēn zàn!

이 카메라 기능은 정말 훌륭하군요!

단어를 익혀보세요

简直	jiǎnzhí	부 참으로. 너무나
美味	měiwèi	형 맛있다
雄伟	xióngwěi	형 웅장하다. 웅대하다
功能	gōngnéng	명 기능. 성능

풀어보세요

다음 중 해석이 옳은 문장을 고르시오.

① 哇，这里真是太美了！
이 요리 정말 맛있네요!

② 这道菜简直太美味了！
이 요리 정말 최고네!

③ 这部电影太没意思了！
이 영화가 정말 재미있네요!

④ 这个照相机的功能真赞！
이 카메라 성능이 정말 웅장하네요!

☑ 알아두세요!

想一想：'대~박!'是用中文怎么说?

'대~박!'은 중국어로 어떻게 말할까요?

한국인들은 일상생활에서 상대방에 대해 칭찬을 하거나, 어떤 상황에 대해 감탄조로 말할 때 '최고!', '대박!'이라는 말을 사용합니다. 그러면 중국어로는 어떻게 말을 할까요? '최고!'라는 말은 '最棒 zuì bàng' 또는 '真棒 zhēn bàng'으로 '대박'이라는 말은 '太给力了tài gěi lì le'로 번역하면 무난할 것 같습니다.

3-5

称赞

chēngzàn

칭찬

들어보세요

1. 你的汉语实力真是让我佩服。

   Nǐ de Hànyǔ shílì zhēn shì ràng wǒ pèifú.

2. 您看起来好年轻啊!

   Nín kànqǐlái hǎo niánqīng a!

3. 你的手艺真好。

   Nǐ de shǒuyì zhēn hǎo.

4. 您过奖了!

   Nín guòjiǎng lc!

5. 还差得远呢，希望您多多指教。

   Hái chà de yuǎn ne, xīwàng nín duōduō zhǐjiào.

해석해 보세요

你的汉语实力真是让我佩服。

Nǐ de Hànyǔ shílì zhēn shì ràng wǒ pèifú.

중국어 실력이 정말 대단하네요.

您看起来好年轻啊！

Nín kànqǐlái hǎo niánqīng a!

정말 젊어 보이시네요!

你的手艺真好。

Nǐ de shǒuyì zhēn hǎo.

손재주가 뛰어나시네요.

您过奖了！

Nín guòjiǎng le!

과찬이십니다!

还差得远呢，希望您多多指教。

Hái chà de yuǎn ne, xīwàng nín duōduō zhǐjiào.

아직 멀었는걸요, 앞으로 잘 부탁드립니다.

단어를 익혀보세요

佩服	pèifu	동 감탄하다
看起来	kànqǐlái	동 보아하니~ 하다
手艺	shǒuyì	명 손재주
过奖	guòjiǎng	동 과찬하다
指教	zhǐjiào	동 지도하다

풀어보세요

다음 빈칸에 알맞은 단어를 선택하세요.

您__________好年轻啊！

정말 젊어 보이시네요!

① 听起来 tīngqǐlái

② 见起来 jiànqǐlái

③ 说起来 shuōqǐlái

④ 看起来 kànqǐlái

알아두세요!

想一想：中国是不是"美女"，"帅哥"的天国？

중국은 미녀 미남의 천국?

한국인들이 중국에 가서 흔히 듣게 되는 말이 '美女 měinǚ'와 '帅哥 shuài gē'라는 말입니다. 한자대로라면 '미녀 아가씨'와 '잘 생긴 오빠'가 됩니다. 이 말은 한국에서 다른 사람을 부를 때, '저기 예쁜 아가씨' 또는 '저기 잘 생긴 총각'이라고 하는 말과 같습니다. 중국에 가서 '美女'나 '帅哥'라는 말을 들었다고 너무 좋아하지 마세요!

04장

职场常用句

zhíchǎng chángyòng jù

직장 생활 관련 표현

4-1

介绍职业

zhíyè jièshào

직업 소개

들어보세요

1. 请问，您在哪个公司工作？

   Qǐngwèn, nín zài nǎ ge gōngsī gōngzuò?

2. 我在一个贸易公司上班。

   Wǒ zài yí ge màoyì gōngsī shàngbān.

3. 我不在公司工作，我的职业是教师。

   Wǒ bú zài gōngsī gōngzuò, wǒ de zhíyè shì jiàoshī.

4. 我是一名出租车司机。

   Wǒ shì yìmíng chūzūchē sījī.

5. 我自己做生意。

   Wǒ zìjǐ zuò shēngyi.

해석해 보세요

请问，您在哪个公司工作？

Qǐngwèn, nín zài nǎ ge gōngsī gōngzuò?

실례지만, 당신은 어느 회사에 근무하십니까?

我在一个贸易公司上班。

Wǒ zài yí ge màoyì gōngsī shàngbān.

저는 무역회사를 다닙니다.

我不在公司工作，我的职业是教师。

Wǒ bú zài gōngsī gōngzuò, wǒ de zhíyè shì jiàoshī.

저는 회사에 다니지 않고, 직업은 교사입니다.

我是一名出租车司机。

Wǒ shì yìmíng chūzūchē sījī.

저는 택시 기사입니다.

我自己做生意。

Wǒ zìjǐ zuò shēngyi.

저는 자영업을 하고 있습니다.

단어를 익혀보세요

公司	gōngsī	명 회사
贸易	màoyì	명 무역
职业	zhíyè	명 직업
司机	sījī	명 기사
生意	shēngyi	명 장사

풀어보세요

다음 빈칸에 알맞은 단어를 선택하세요.

我自己做________。
저는 자영업을 하고 있습니다.

① 故意 gùyì
② 心意 xīnyì
③ 满意 mǎnyì
④ 生意 shēngyi

알아두세요!

想一想："在办公室可以穿拖鞋吗?"

"사무실에서 슬리퍼를 신을 수 있나요?"

한국의 직장인들이 직장에서 실내 전용 슬리퍼를 착용하고 일을 합니다. 이런 모습은 중국기업의 사무실에서는 좀처럼 볼 수 없는 풍경이기 때문에 중국인들이 보기에 좀 의아해 할 수 있습니다. 중국인들은 직장 내에서 실외용, 실내용 신발을 구분하지 않습니다. 한국인들이 편리함과 위생을 위해 신는 실내화가 중국인의 눈에는 달리 보일 수 있습니다.

4-2

工作条件

gōngzuò tiáojiàn

근무 환경

들어보세요

1. 你们公司经常加班吗?

Nǐmen gōngsī jīngcháng jiābān ma?

2. 不经常加班，加班就有加班费。

Bù jīngcháng jiābān, jiābān jiù yǒu jiābānfèi.

3. 他迟到是家常便饭。

Tā chídào shì jiācháng biànfàn.

4. 今天我有事儿，想提前下班。

Jīntiān wǒ yǒu shìr, xiǎng tíqián xiàbān.

5. 我们一天上八个小时，倒三次班。

Wǒmen yì tiān shàng bā ge xiǎoshí, dǎo sān cì bān.

해석해 보세요

你们公司经常加班吗?

Nǐmen gōngsī jīngcháng jiābān ma?

회사에서 자주 야근을 하시나요?

不经常加班，加班就有加班费。

Bù jīngcháng jiābān, jiābān jiù yǒu jiābānfèi.

자주 야근 하지는 않지만, 야근을 하면 야근 수당을 받지요.

他迟到是家常便饭。

Tā chídào shì jiācháng biànfàn.

그는 지각을 밥 먹듯 합니다.

今天我有事儿，想提前下班。

Jīntiān wǒ yǒu shìr, xiǎng tíqián xiàbān.

오늘 제가 일이 좀 있어서 일찍 퇴근 하려고 합니다.

我们一天上八个小时，倒三次班。

Wǒmen yì tiān shàng bā ge xiǎoshí, dǎo sān cì bān.

우리는 하루에 8시간씩, 3교대 근무를 합니다.

단어를 익혀보세요

加班	jiābān	동 야근하다	便饭	biànfàn	명 간단한 식사
费	fèi	명 비용	提前	tíqián	동 앞당기다
迟到	chídào	동 지각하다	倒	dǎo	동 바꾸다. 교대하다
家常	jiācháng	형 일상의			

풀어보세요

'倒班'과 같은 의미의 말은?

① 上班 shàngbān

② 加班 jiābān

③ 换班 huànbān

④ 三班 sānbān

알아두세요!

想一想：韩国公司的加班文化。

"한국의 야근문화"

한·중 양국 기업문화의 차이 중 눈에 띄는 것 중의 하나가 '야근문화'입니다. 한국에서는 여러 가지 이유로 야근이 당연시 되는 경향이 있습니다. 그러나 중국의 기업에서는 한국의 기업처럼 야근이 많지 않으며, 암묵적으로 강요 당하거나 당연시 여기는 기업문화를 찾아보기 힘듭니다.

4-3

主持会议

zhǔchí huìyì

회의 진행

들어보세요

1. 马上准备一下，待会儿在会议室开会。

   Mǎshàng zhǔnbèi yíxià, dāi huìr zài huìyìshì kāihuì.

2. 这次会议是谁主持？

   Zhè cì huìyì shì shéi zhǔchí?

3. 听说由总裁亲自主持。

   Tīngshuō yóu zǒngcái qīnzì zhǔchí.

4. 今天会议的议题是什么？

   Jīntiān huìyì de yìtí shì shénme?

5. 我想请你当今天会议的记录。

   Wǒ xiǎng qǐng nǐ dāng jīntiān huìyì de jìlù.

해석해 보세요

马上准备一下，待会儿在会议室开会。

Mǎshàng zhǔnbèi yíxià, dài huìr zài huìyìshì kāi huì.

바로 준비해 주세요. 곧 회의실에서 회의를 할 거예요.

这次会议是谁主持?

Zhè cì huìyì shì shéi zhǔchí?

이번 회의는 누가 주최합니까?

听说由总裁亲自主持。

Tīngshuō yóu zǒngcái qīnzì zhǔchí.

듣자 하니 총수님께서 직접 주최하신다고 합니다.

今天会议的议题是什么?

Jīntiān huìyì de yìtí shì shénme?

오늘 회의의 의제는 무엇입니까?

我想请你当今天会议的记录。

Wǒ xiǎng qǐng nǐ dāng jīntiān huìyì de jìlù.

오늘 회의 기록을 좀 맡아줘요.

단어를 익혀보세요

会议室	huìyìshì	명 회의실	议题	yìtí	명 의제
主持	zhǔchí	동 주관하다	记录	jìlù	동 기록하다 명 기록
总裁	zǒngcái	명 총재. 총수	当	dāng	동 담당하다
亲自	qīnzì	부 친히			

풀어보세요

다음 빈칸에 알맞은 단어를 선택하세요.

听说由________亲自主持。
듣자 하니 총수님께서 직접 주관하신다고 합니다.

① 总统 zǒngtǒng
② 总裁 zǒngcái
③ 总理 zǒnglǐ
④ 总管 zǒngguǎn

알아두세요!

想一想："开会时要注意些什么？"
"회의 시 주의사항은 무엇일까요?"

한·중 합작기업 등과 관련 회의를 할 때, 회의실에 중국어로 되어 있는 주의 사항을 모를 경우 실수를 할 수 있습니다. 잘 익혀 두시기 바랍니다.

禁止吸烟 jìnzhi xīyān 흡연 금지

请将手机调成震动状态。
Qǐng jiāng shǒujī tiáochéng zhèndòng zhuàngtài.
전화기를 무음상태로 조정하세요.

禁止喧哗 jìnzhǐ xuānhuá 잡담 금지

4-4 办公用品的使用

bàngōng yòngpǐn de shǐyòng

사무기기 사용

들어보세요

1. 复印机卡纸了，怎样才能把卡住的纸拿出来呢？

   Fùyìnjī qiǎ zhǐ le, zěnyàng cái néng bǎ kǎzhù de zhǐ náchūlái ne?

2. 你找找月销售报告存在哪个文件夹里？

   Nǐ zhǎozhao yuè xiāoshòu bàogào cúnzài nǎ ge wénjiànjiā li?

3. 电脑出问题，资料全丢了。辛亏U盘里有备份。

   Diànnǎo chū wèntí, zīliào quán diū le. Xìngkuī Upán li yǒu bèifèn.

4. 那份资料是用传真发的，收到了吗？

   Nà fèn zīliào shì yòng chuánzhēn fā de, shōudào le ma?

5. 收是收到了，但是看不清楚，你再发一次可以吗？

   Shōu shì shōudào le, dànshì kànbuqīngchu, nǐ zài fā yícì kěyǐ ma?

해석해 보세요

复印机卡纸了，怎样才能把卡住的纸拿出来呢?
Fùyìnjī kǎ zhǐ le, zěnyàng cái néng bǎ kǎzhù de zhǐ náchūlái ne?
복사기에 종이가 걸렸는데 어떻게 빼낼 수 있나요?

你找找月销售报告存在哪个文件夹里?
Nǐ zhǎozhao yuè xiāoshòu bàogào cúnzài nǎ ge wénjiànjiā li?
월 매출 보고서가 어느 폴더에 있는지 찾아주시겠어요?

电脑出问题，资料全丢了。辛亏U盘里有备份。
Diànnǎo chū wèntí, zīliào quán diū le. Xìngkuī Upán li yǒu bèifèn.
컴퓨터에 문제가 생겨서 모든 자료가 날아갔어요. USB에 백업 파일이 저장되어 있어 다행입니다.

那份资料是用传真发的，收到了吗?
Nà fèn zīliào shì yòng chuánzhēn fā de, shōudào le ma?
그 서류는 팩스로 보냈는데, 받으셨습니까?

收是收到了，但是看不清楚，你再发一次可以吗?
Shōu shì shōudào le, dànshì kànbuqīngchu, nǐ zài fā yícì kěyǐ ma?
받았지만 흐릿하게 보이네요, 다시 한 번 보내주실 수 있을까요?

단어를 익혀보세요

卡	kǎ	동 끼이다
文件夹	wénjiànjiā	명 (파일) 폴더
U盘	Upán	명 USB메모리
传真	chuánzhēn	명 팩스
清楚	qīngchu	형 분명하다

풀어보세요

다음 중 해석이 옳은 문장을 고르시오.

① 复印机卡纸了，怎样才能把卡住的纸拿出来呢?
받았지만 흐릿하게 보이네요. 다시 한 번 보내주실 수 있을까요?

② 那份资料是用传真发的，收到了吗?
복사기에 종이가 걸렸는데 어떻게 빼낼 수 있나요?

③ 你找找月销售报告存在哪个文件夹里?
월 매출 보고서가 어느 폴더에 있는지 찾아주시겠어요?

④ 电脑出问题，资料全丢了。辛亏U盘里有备份?
그 서류는 팩스로 보냈는데, 받으셨습니까?

알아두세요!

想一想："办公用品" 用中文怎么说?

"사무용품 중국어로 어떻게 말할까요?"

우리가 평소 사무실에서 사용하는 사무용품을 중국어로 익혀두면 유용하게 사용할 수 있습니다.

回形针 huíxíngzhēn 클립(clip)　　曲别针 qūbiézhēn 클립(clip)

夹子 jiāzi 집게　　订书机 dìngshūjī 스테이플러

打孔机 dǎkǒngjī 펀치　　便利贴 biànlìtiē 포스트잇

4-5

人事变动

rénshì biàndòng

인사 이동

들어보세요

1. 我昨天收到总公司的通知了，让我回首尔工作。

   Wǒ zuótiān shōudào zǒnggōngsī de tōngzhī le,
   ràng wǒ huí Shǒu`ěr gōngzuò.

2. 希望这次调动您能升职。

   Xīwàng zhè cì diàodòng nín néng shēngzhí.

3. 我想申请去海外工作。

   Wǒ xiǎng shēnqǐng qù hǎiwài gōngzuò.

4. 我觉得这份工作不适合我，刚才提交了辞职信。

   Wǒ juéde zhè fèn gōngzuò bú shìhé wǒ,
   gāngcái tíjiāo le cízhíxìn.

5. 他每年都拿很多退休金。

   Tā měinián dōu ná hěn duō tuìxiūjīn.

해석해 보세요

我昨天收到总公司的通知了，让我回首尔工作。

Wǒ zuótiān shōudào zǒnggōngsī de tōngzhī le, ràng wǒ huí Shǒu`ěr gōngzuò.

어제 본사의 통지를 받았는데, 서울로 돌아와서 근무하라고 합니다.

希望这次调动您能升职。

Xīwàng zhè cì diàodòng nín néng shēngzhí.

이번 인사 발령에서 승진하시기 바랍니다.

我想申请去海外工作。

Wǒ xiǎng shēnqǐng qù hǎiwài gōngzuò.

저는 해외 근무를 신청하고 싶습니다.

我觉得这份工作不适合我，刚才提交了辞职信。

Wǒ juéde zhè fèn gōngzuò bú shìhé wǒ, gāngcái tíjiāo le cízhíxìn.

이 일이 제게는 맞지 않는 것 같아서 방금 전에 사직서를 제출했어요.

他每年都拿很多退休金。

Tā měinián dōu ná hěn duō tuìxiūjīn.

그는 매년 많은 연금을 받습니다.

단어를 익혀보세요

通知	tōngzhī	동 통지하다 명 통지
调动	diàodòng	동 (인원·일 등을) 교환하다
升职	shēngzhí	동 승진하다 명 승진
申请	shēnqǐng	동 신청하다
海外	hǎiwài	명 해외. 외국
辞职信	cízhíxìn	명 사직서
退休金	tuìxiūjīn	명 연금. 퇴직금

풀어보세요

다음 빈칸에 알맞은 단어를 선택하세요.

我觉得这份工作不适合我，
刚才提交了＿＿＿＿＿＿。

이 일이 제게 맞지 않는 것 같아서 방금 전에 사직서를 제출했어요.

① 明信片 míngxìnpiàn
② 介绍信 jièshàoxìn
③ 辞职信 cízhíxìn
④ 推荐信 tuījiànxìn

알아두세요!

想一想："总经理用中文怎么说?"

"사장님은 중국어로 어떻게 말할까요?"

중국어로 각 직위의 명칭은 어떻게 말할까요? 지역마다 다소 차이는 있을 수 있으나 중국기업에서 가장 흔히 볼 수 있는 직위는 다음과 같습니다.

总经理 zǒngjīnglǐ 사장	部长 bùzhǎng 부장
次长 cìzhǎng 차장	科长 kēzhǎng 과장
代理 dàilǐ 대리	一般职员 yìbān zhíyuán 평사원

05장

出入境常用句

chūrùjìng chángyòng jù

출·입국 관련 표현

5-1

入境

rùjìng

입국

들어보세요

1. 请出示一下护照和入境卡。

   Qǐng chūshì yíxià hùzhào hé rùjìngkǎ.

2. 我是来参加语言研修的。

   Wǒ shì lái cānjiā yǔyán yánxiū de.

3. 因为我是跟团儿来的，所以不太清楚。

   Yīnwèi wǒ shì gēn tuánr lái de, suǒyǐ bú tài qīngchu.

4. 这里是中国公民专用通道，请到外国人入境检查通道排队。

   Zhèlǐ shì Zhōngguó gōngmín zhuānyòng tōngdào, qǐng dào wàiguórén rùjìng jiǎnchá tōngdào páiduì.

5. 您现在持有的是旅游签证，请务必在30天内出境。

   Nín xiànzài chíyǒu de shì lǚyóu qiānzhèng, qǐng wùbì zài sān shí tiān nèi chūjìng.

해석해 보세요

请出示一下护照和入境卡。

Qǐng chūshì yíxià hùzhào hé rùjìngkǎ.

여권과 입국신고서를 보여 주십시오.

我是来参加语言研修的。

Wǒ shì lái cānjiā yǔyán yánxiū de.

저는 어학연수에 참석하러 왔습니다.

因为我是跟团儿来的，所以不太清楚。

Yīnwèi wǒ shì gēn tuánr lái de, suǒyǐ bú tài qīngchu.

저는 단체여행을 왔기 때문에 잘 모르겠습니다.

这里是中国公民专用通道，
请到外国人入境检查 通道排队。

Zhèlǐ shì Zhōngguó gōngmín zhuānyòng tōngdào,
qǐng dào wàiguórén rùjìng jiǎnchá tōngdào páiduì.

여기는 중국인 전용 라인이니, 외국인 입국 심사 라인으로 가서 줄을 서주세요.

您现在持有的是旅游签证，请务必在30天内出。

Nín xiànzài chíyǒu de shì lǚyóu qiānzhèng, qǐng wùbì zài sānshí tiān nèi chūjìng.

지금 갖고 계신 비자는 여행 비자이니 반드시 30일 안에 출국하시기 바랍니다.

단어를 익혀보세요

护照	hùzhào	명 여권
签证	qiānzhèng	명 비자
入境卡	rùjìngkǎ	명 입국신고서
团儿	tuánr	명 단체
出境	chūjìng	동 출국하다

풀어보세요

다음 빈칸에 알맞은 단어를 선택하세요.

您现在持有的是旅游__________。

지금 갖고 계신 비자는 여행 비자입니다.

① 签字 qiānzì

② 签证 qiānzhèng

③ 签约 qiānyuē

④ 签署 qiānshǔ

알아두세요!

想一想：你能看懂中国的签证吗？

중국비자의 내용을 이해할 수 있습니까?

외국인 입국신고서(ARRIVAL CARD)를 정확하게 작성하기 위하여 비자를 정확히 읽는 법을 알아두면 좋습니다. 비자에 기록되어 있는 내용은 아래와 같습니다.

姓名 xìngmíng 성명	出生日期 chūshēngrìqī 생년월일
护照 号码 hùzhào haomǎ 여권번호	入境次数 rùjìng cìshù 입국 횟수
有效期至 yǒuxiào qīzhì 유효기간	签发日期 qiānfā rìqī 비자 발급일
签发地 qiānfādì 비자 발급지	备注 bèizhù 비고

5-2

拿取行李

ná qǔ xíngli

수하물 수취

들어보세요

1. 请问，在哪儿拿行李？

   Qǐng wèn , zài nǎr ná xíngli?

2. 这是行李推车，请在7号转盘等就行了。

   Zhè shì xíngli tuīchē, qǐng zài qī hào zhuǎnpán děng jiù xíng le.

3. 这是我的行李票，我的行李一直都没出来。

   Zhè shì wǒ de xíngli piào, wǒ de xíngli yìzhí dōu méi chūlái.

4. 请您去行李遗失柜台申报一下吧。

   Qǐng nín qù xíngli yíshī guìtái shēnbào yíxià ba.

5. 请把行李放在安检机上过一下。

   Qǐng bǎ xíngli fàngzài ānjiǎnjī shang guò yíxià.

해석해 보세요

请问，在哪儿拿行李?

Qǐng wèn, zài nǎr ná xíngli?

짐은 어디서 찾습니까?

这是行李推车，请在7号转盘等就行了。

Zhè shì xíngli tuīchē, qǐng zài qī hào zhuǎnpán děng jiù xíng le.

여기 수화물용 카트가 있어요, 7번 수화물 수취대에서 기다리시면 됩니다.

这是我的行李票，我的行李一直都没出来。

Zhè shì wǒ de xíngli piào, wǒ de xíngli yìzhí dōu méi chūlái.

이것이 저의 수하물표인데요, 제 짐이 계속 안 나왔어요.

请您去行李遗失柜台申报一下吧。

Qǐng nín qù xíngli yíshī guìtái shēnbào yíxià ba.

수하물 분실 카운터에 가셔서 신고 하십시오.

请把行李放在安检机上过一下。

Qǐng bǎ xíngli fàngzài ānjiǎnjī shang guò yíxià.

짐을 안전검사대 위로 통과 시켜주십시오.

단어를 익혀보세요

拿	ná	동 가지다	行李票	xínglipiào	명 수하물표
行李	xíngli	명 짐	遗失	yíshī	동 분실하다
推车	tuīchē	명 카트	柜台	guìtái	명 카운터
转盘	zhuànpán	명 수하물 수취대			

풀어보세요

'遗失'와 의미가 같은 단어는?

① 消失 xiāoshī

② 损失 sǔnshī

③ 过失 guòshī

④ 丢失 diūshī

☑ 알아두세요!

想一想：你知道在机场要注意些什么吗?

공항에서 무엇을 주의해야 하는지 알고 있나요?

공항에서 주의해야 할 것은 모노그램을 통해 대충은 짐작하지만, 중국어로 읽고 이해할 수 있으면 더 좋겠습니다. 공항에서 볼 수 있는 몇 가지 주의사항을 익혀두세요.

小心滑倒 xiǎoxīn huádǎo 미끄럼 주의

小心过重 xiǎoxīn guòzhòng 중량초과 주의

请勿倚靠 qǐngwù yǐkào 기대지 마시오

禁止攀登 jìnzhǐ pāndēng 올라가지 마시오

5-3

回国

huíguó

귀국

들어보세요

1. 登机手续从登机前两个小时开始办理，
   请在M 柜台11号到21号等候。

   Dēngjī shǒuxù cóng dēngjī qián liǎng ge xiǎoshí kāishǐ bànlǐ, qǐng zài M guìtái shíyī hào dào èr shí yī hào děnghòu.

2. 有需要托运的行李吗？ 请把行李放在上面。

   Yǒu xūyào tuōyùn de xíngli ma? Qǐng bǎ xíngli fàngzài shàngmiàn.

3. 对不起，您的行李超重了，您是要拿出来，
   还是 要付费呢？

   Duì buqǐ, nín de xíngli chāozhòng le, nín shì yào ná chūlái, háishì yào fùfèi ne?

4. 身上有手机、钥匙、打火机、备用电池吗？
   里有笔记本、IPAD吗？

   Shēnshang yǒu shǒujī、yàoshi、dǎhuǒjī、bèiyòng diànchí ma? Bāo li yǒu bǐjiběn, IPAD ma?

5.请来这边，伸开胳膊。

Qǐng lái zhè biān, shēnkāi gēbo.

해석해 보세요

登机手续从登机前两个小时开始办理，请在M柜台11号到21号等候。

Dēngjī shǒuxù cóng dēngjī qián liǎng ge xiǎoshí kāishǐ bànlǐ, qǐng zài M guìtái shí yī hào dào èr shí yī hào děnghòu.

탑승수속은 탑승 두 시간 전부터 시작하는데 M 카운터 11번부터 21번에 기다리세요.

有需要托运的行李吗？请把行李放在上面。

Yǒu xūyào tuōyùn de xíngli ma? Qǐng bǎ xíngli fàngzài shàngmiàn.

부치실 짐이 있나요? 짐을 여기 위에 올려주십시오.

对不起，您的行李超重了，您是要拿出来，还是要付费呢？

Duì buqǐ, nín de xíngli chāozhòng le, nín shì yào ná chūlái, háishì yào fùfèi ne?

실례합니다만, 수하물이 중량 초과 되었습니다. 짐을 빼시겠습니까 아니면 추가 비용을 지불하시겠습니까?

身上有手机、钥匙、打火机、备用电池吗？包里有笔记本、IPAD吗？

Shēnshang yǒu shǒujī、yàoshi、dǎhuǒjī、bèiyòng diànchí ma? Bāo li yǒu bǐjìběn, IPAD ma?

몸에 핸드폰, 열쇠, 라이터, 보조배터리를 소지하고 계십니까? 가방 안에 노트북, IPAD가 있습니까?

请来这边，伸开胳膊。

Qǐng lái zhè biān, shēnkāi gēbó.

이쪽으로 오셔서 팔을 벌려 주십시오.

단어를 익혀보세요

办理	bànlǐ	동 처리하다
托运	tuōyùn	동 짐을 부치다
超重	chāozhòng	동 중량을 초과하다
付费	fùfèi	동 비용을 지불하다
钥匙	yàoshi	명 열쇠
备用电池	bèiyòng diànchí	명 보조배터리
胳膊	gēbo	명 팔

풀어보세요

다음 빈칸에 알맞은 단어를 선택하세요.

对不起，您的行李＿＿＿＿＿＿了。
수화물이 중량 초과 되었습니다.

① 超重 chāozhòng
② 超过 chāoguò
③ 超时 chāoshí
④ 超量 chāoliàng

알아두세요!

想一想：你知道什么东西不能托运吗?
수하물 위탁금지 품목을 알고 있나요?

중국공항에서 탑승 수속을 밟을 때 다음과 같은 문구를 볼 수 있습니다.
"携带锂电池乘机须知：乘机携带手机、手提电脑、摄像机等自用的含锂电池设备和出行所需的合理数量的备用电池时，只可随身不可托运。"

이 문구를 이해하지 못하면, 영문도 모른 채 공항에서 가방을 열어 배터리를 찾아야 하는 번거로움을 당할 수 있습니다. 아래의 단어를 가지고 해석해 보세요.

携带 xiédài 휴대하다
须知 xūzhī 안내사항
锂电池 lǐdiànchí 리튬 배터리
手提电脑 shǒutí diànnǎo 노트북
摄像机 shèxiàngjī 비디오카메라

5-4 机场广播

jīchǎng guǎngbō

탑승 안내 청취

들어보세요

1. 乘坐CA135次航班的乘客，请注意，您乘坐的航班即将开始登机，请到6号登机口，准备登机。

Chéngzuò CA yāo sān wǔ cì hángbān de chéng kè, qǐng zhùyi, nín chéngzuò de hángbān jíjiāng kāishǐ dēngjī, qǐng dào liù hào dēngjīkǒu, zhǔnbèi dēngjī.

2. 乘坐MU2013次航班的乘客，我们很抱歉地通知您，由于天气原因，您乘坐的航班将推迟起飞时间。

Chéng zuò MU èr líng yāo sān cì hángbān de chéngkè, wǒmen hěn bàoqiàn de tōngzhī nín, yóuyú tiānqì yuányīn, nǐn chéngzuò de hángbān jiāng tuīchí qǐfēi shíjiān.

3. 各位乘客，你们好！感谢你们乘坐东方航空。本次航班即将起飞，请系好安全带。希望大家旅途愉快。谢谢大家！

Gè wèi chéngkè, nǐmen hǎo! Gǎnxiè nǐmen chéngzuò Dōngfāng hángkōng. Běn cì hángbān jíjiāng qǐfēi, qǐng jìhǎo ānquándài. Xīwàng dàjiā lǚtú yúkuài. Xièxie dàjiā!

4. 各位乘客，飞机现在遇到气流，正在颠簸，请 您不要离开座位，系好安全带，洗手间暂时 停止使用。

Gè wèi chéngkè, fēijī xiànzài yùdào qìliú, zhèngzài diānbǒ, qǐng nín bú yào líkāi zuòwèi, jìhǎo ānquándài, xǐshǒujiān zànshí tíngzhǐ shǐyòng.

5. 各位乘客我们已经安全抵达青岛流亭机场，飞机还在滑行，请您确认系好安全带，在飞机停稳之前，不要离开座位。

Gè wèi chéngkè wǒmen yǐjīng ānquán dǐdá Qīngdǎo Liútíng jīchǎng, fēijī hái zài huáxíng, qǐng nín quèrèn jìhǎo ānquándài, zài fēijī tíng wěn zhīqián, bú yào líkāi zuòwèi.

해석해 보세요

乘坐CA135次航班的乘客，请注意，您乘坐的航班即将开始登机，请到6号登机口，准备登机。

Chéngzuò CA yāo sān wǔ cì hángbān de chéng kè, qǐng zhùyi, nín chéngzuò de hángbān jíjiāng kāishǐ dēngjī, qǐng dào liù hào dēngjīkǒu, zhǔnbèi dēngjī.

CA135를 탑승하시는 승객께서는 안내 방송에 주의해주시기 바랍니다. CA135에서 곧 탑승수속을 시작할 예정이오니 6번 탑승구로 오시기 바랍니다.

乘坐MU2013次航班的乘客，我们很抱歉地通知您，由于天气原因您乘坐的航班将推迟起飞时间。

Chéng zuò MU èr líng yāo sān cì hángbān de chéngkè, wǒmen hěn bàoqiàn de tōngzhī nín, yóuyú tiānqì yuányīn nǐn chéngzuò de hángbān jiāng tuīchí qǐfēi shíjiān.

MU2013를 탑승하시는 승객 여러분께 안내 드립니다. 기상악화로 인하여 비행이 지연되었음을 알려드립니다.

各位乘客，你们好！感谢你们乘坐东方航空。本次航班即将起飞，请系好安全带。希望大家旅途愉快。谢谢大家！

Gè wèi chéngkè, nǐmen hǎo! Gǎnxiè nǐmen chéngzuò Dōngfāng hángkōng. Běn cì hángbān jíjiāng qǐfēi, qǐng jìhǎo ānquándài. Xīwàng dàjiā lǚtú yúkuài. Xièxie dàjiā!

승객 여러분 안녕하십니까! 동방항공을 이용해 주셔서 감사드립니다. 이 비행기는 곧 이륙할 예정이오니 승객 여러분께서는 안전벨트를 착용해 주시기 바랍니다. 승객 여러분 즐거운 여행이 되시기 바랍니다. 감사합니다!

各位乘客，飞机现在遇到气流，正在颠簸，请您不要离开座位，系好安全带，洗手间暂时停止使用。

Gè wèi chéngkè, fēijī xiànzài yùdào qìliú, zhèngzài diānbǒ, qǐng nín bú yào líkāi zuòwèi, jìhǎo ānquándài, xǐshǒujiān zànshí tíngzhǐ shǐyòng.

승객 여러분, 현재 우리 비행기는 불안정한 기류 변화로 인해 기체가 흔들리고 있습니다. 승객 여러분께서는 좌석에 앉으셔서 안전벨트를 착용해 주시고 화장실 사용을 잠시 삼가주시기 바랍니다.

各位乘客我们已经安全抵达青岛流亭机场，飞机还在滑行，请您确认系好安全带，在飞机停稳之前，不要离开座位。

Gè wèi chéngkè wǒmen yǐjīng ānquán dǐdá Qīngdǎo Liútíng jīchǎng, fēijī hái zài huáxíng, qǐng nín quèrèn jìhǎo ānquándài, zài fēijī tíng wěn zhīqián, bú yào líkāi zuòwèi.

승객 여러분, 저희 비행기는 칭다오 류팅 공항에 도착했습니다. 기체가 아직 활주로 상에 있으니 승객 여러분께서는 안전벨트 착용을 확인해주시고, 기체가 완전히 정지하기 전까지 좌석에 앉아주시기 바랍니다.

단어를 익혀보세요

抱歉	bàoqiàn	동 미안해하다
推迟	tuīchí	동 늦추다. 지연시키다
即将	jíjiāng	부 곧. 머지 않아
安全带	ānquándài	명 안전벨트
颠簸	diānbǒ	동 흔들리다. 요동치다
暂时	zànshí	명 일시. 잠시
抵达	dǐdá	동 도착하다

풀어보세요

다음 빈칸에 알맞은 단어를 선택하세요.

> 由于天气原因你乘坐的航班将推迟__________时间。
> 기상악화로 인하여 탑승하실 항공기의 비행이 지연되었습니다.

① 起床 qǐchuáng
② 起来 qǐlái
③ 起飞 qǐfēi
④ 起步 qǐbù

알아두세요!

想一想：你会填写外国人入境卡吗?

외국인 입국신고서를 작성할 수 있나요?

외국인 입국신고서의 기록사항을 중국어로 알고 있으면 유용하게 쓸 수 있습니다.

姓 xìng 성	名 míng 이름
国籍 guójí 국적	护照号码 hùzhào hàomǎ 여권번호
在华住址 zàihuá zhùdì 중국내 체류지 주소	男/女 nán/nǚ 성별
出生日期 chūshēng rìqī 생년월일	签证号码 qiānzhèng hàomǎ 비자번호
签证签发地 qiānzhèng qiānfādì 비자발급도시	航班号 xángbānhào 항공편명
入境事由 rùjìngshìyóu 방문목적	签字 qiānzì 서명

5-5

机内服务

jī nèi fúwù

기내 서비스

들어보세요

1. 您要喝点儿什么？我们有可乐、雪碧、果汁、啤酒和矿泉水。

   Nín yào hē diǎnr shénme? Wǒmen yǒu kělè、xuěbì、guǒzhī、píjiǔ hé kuàngquán shuǐ.

2. 我们有鸡肉饭和鱼肉饭，请问您要哪一种？

   Wǒmen yǒu jīròu fàn hé yúròu fàn, qǐng wèn nín yào nǎ yì zhǒng?

3. 你好，请给我一个枕头和一条毛毯。

   Nǐhǎo, qǐng gěi wǒ yíge zhěntóu hé yìtiáo máotǎn.

4. 请问飞机上卖免税品吗？

   Qǐng wèn fēijī shang mài miǎnshuìpǐn ma?

5. 我们有香烟、酒水、巧克力、化妆品等。请问您需要什么?

Wǒmen yǒu xiāngyān、jiǔshuǐ、qiǎokèlì、huàzhuāngpǐn děng. Qǐng wèn nín xūyào shénme?

해석해 보세요

您要喝点儿什么? 我们有可乐、雪碧、果汁、啤酒和矿泉水。

Nín yào hē diǎnr shénme? Wǒmen yǒu kělè、xuěbì、guǒzhī、píjiǔ hé kuàngquán shuǐ.

무슨 음료수 드시겠습니까? 콜라, 사이다, 주스, 맥주, 생수가 있습니다.

我们有鸡肉饭和鱼肉饭，请问您要哪一种?

Wǒmen yǒu jīròu fàn hé yúròu fàn, qǐng wèn nín yào nǎ yì zhǒng?

닭고기와 생선이 있는데 어느 것을 드시겠습니까?

你好，请给我一个枕头和一条毛毯。

Nǐ hǎo, qǐng gěi wǒ yíge zhěntóu hé yì tiáo máotǎn.

저기요, 베개하고 담요 좀 주시겠어요?

请问飞机上卖免税品吗?

Qǐng wèn fēijī shang mài miǎnshuìpǐn ma?

기내에서 면세품을 판매하고 있습니까?

我们有香烟、酒水、巧克力、化妆品等。请问您需要什么？

Wǒmen yǒu xiāngyān、jiǔshuǐ、qiǎokèlì、huàzhuāngpǐn děng. Qǐng wèn nín xūyào shénme?

우리는 담배, 술, 초콜릿, 화장품 등을 판매하고 있습니다. 뭐 필요하신 것이 있습니까?

단어를 익혀보세요

雪碧	xuěbì	명 스프라이트
鱼肉	yúròu	명 생선
枕头	zhěntou	명 베개
毛毯	máotǎn	명 담요
免税品	miǎnshuìpǐn	동 면세품
酒水	jiǔshuǐ	명 음료 및 주류

풀어보세요

다음 빈칸에 알맞은 단어를 선택하세요.

你好，请给我一个__________。

베개 하나 주세요.

① 开头 kāitóu
② 口头 kǒutóu
③ 针头 zhēntóu
④ 枕头 zhěntou

알아두세요!

想一想：stewardess用中文怎么说?

스튜어디스를 중국어로 어떻게 부르나요?

비행기 안에서 중국어를 배운 승객이 승무원을 부를 때 여자 승무원에게는 空姐 kōngjiě, 남자 승무원에게는 空少 kōngshǎo라고 하는 걸 가끔 볼 수 있습니다. 잘못된 말은 아니지만, 이는 어디까지나 직업군의 명칭일 뿐입니다. 승무원을 부르고 싶으면, 가볍게 웃으면서 "你好 nǐ hǎo"하면 자연스럽습니다.

06장

利用交通工具常用句

lìyòng jiāotōng gōngjù chángyòng jù

대중교통 관련 표현

6-1

地铁

dìtiě

지하철

들어보세요

1. 这附近有地铁站吗?

   Zhè fùjìn yǒu dìtiě zhàn ma?

2. 请给我一张地铁线路图。

   Qǐng geǐ wǒ yì zhāng dìtiě xiànlùtú.

3. 地铁隔几分钟来一趟?

   Dìtiě gé jǐ fēn zhōng lái yí tàng?

4. 请问，去天安门广场，要从几号出口出去?

   Qǐng wèn, qù Tiān'ānmén guǎngchǎng, yào cóng jǐ hào chūkǒu chūqu?

5. 我要去火车站，在哪儿倒地铁1号线?

   Wǒ yào qù huǒchēzhàn, zài nǎr dǎo dìtiě yī hàoxiàn?

해석해 보세요

这附近有地铁站吗?

Zhè fùjìn yǒu dìtiě zhàn ma?

이 근처에 지하철역이 있습니까?

请给我一张地铁线路图。

Qǐng geǐ wǒ yì zhāng dìtiě xiànlùtú.

지하철 노선도 한 장 주세요.

地铁隔几分钟来一趟?

Dìtiě gé jǐ fēn zhōng lái yí tàng?

지하철이 몇 분 간격으로 있습니까?

请问，去天安门广场，要从几号出口出去?

Qǐng wèn, qù Tiān'ānmén guǎngchǎng, yào cóng jǐ hào chūkǒu chūqu?

천안문 광장으로 가려면 몇 번 출구로 나가야 합니까?

我要去火车站，在哪儿倒地铁1号线?

Wǒ yào qù huǒchēzhàn, zài nǎr dǎo dìtiě yī hàoxiàn?

기차역에 가려고 하는데, 어디에서 지하철 1호선으로 환승하나요?

단어를 익혀보세요

地铁	dìtiě	명 지하철
隔	gé	동 간격을 두다
趟	tàng	명 차례. 번
火车站	huǒchēzhàn	명 기차역
倒	dǎo	동 갈아타다. 환승하다

풀어보세요

다음 빈칸에 알맞은 단어를 선택하세요.

地铁______几分钟来一趟?

지하철이 몇 분 간격으로 있습니까?

① 距离 jùlí

② 过去 guòqù

③ 间距 jiānjù

④ 隔 gé

알아두세요!

想一想：你知道在中国怎么买地铁票吗?

중국에서 지하철 표를 어떻게 사는지 알고 있나요?

중국에서 지하철을 표를 살 때 순서 알고 있으면 참 편리합니다.

1. 选择线路 xuǎnzé xiànlù 노선을 선택한다
2. 点击车站 diǎnjī chēzhàn 도착지를 클릭한다
3. 选择张数 xuǎnzé zhāngshù 승차권 매수를 선택한다
4. 投入钱币 tóurù qiánbì 돈을 넣는다
5. 取票找零 qǔpiào zhǎolíng 승차권과 거스름돈을 찾는다

6-2

公共汽车

gōnggòng qìchē

버스

들어보세요

1. 去东方明珠要坐几路车?

   Qù Dōngfāngmíngzhū yào zuò jǐ lù chē?

2. 到马路 对面坐123路车，坐两站就能到。

   Dào mǎlù duìmiàn zuò yāo èr sān lù chē, zuò liǎng zhàn jiù néng dào.

3. 这个车到市政府吗?

   Zhè ge chē dào shìzhèngfǔ ma?

4. 哎呀，你已经坐过两站了。

   Āiya, nǐ yǐjīng zuòguò liǎng zhàn le.

5. 师傅，我要去人民医院，到站的时候，你告诉我一声好吗?

   Shī fù, wǒ yào qù Rénmín yīyuàn, dào zhàn de shíhou nǐ gàosu wǒ yì shēng hǎo ma?

해석해 보세요

去东方明珠要坐几路车?

Qù Dōngfāngmíngzhū yào zuò jǐ lù chē?

동방명주에 가려면 몇 번 버스를 타야 하나요?

到马路对面坐123路车，坐两站就能到。

Dào mǎlù duìmiàn zuò yāo èr sān lù chē, zuò liǎng zhàn jiù néng dào.

길을 건너서 123번 버스를 타면 두 정거장만 가면 됩니다.

这个车到市政府吗?

Zhè ge chē dào shìzhèngfǔ ma?

이 버스가 시청에 갑니까?

哎呀，你已经坐过两站了。

Āiya, nǐ yǐjīng zuòguò liǎng zhàn le.

아이구, 벌써 두 정거장을 지났습니다.

师傅，我要去人民医院，到站的时候，你告诉我一声好吗?

Shī fù, wǒ yào qù Rénmín yīyuàn, dào zhàn de shíhou nǐ gàosu wǒ yì shēng hǎo ma?

기사님, 제가 인민병원에 가려고 하는데, 내릴 때가 되면 알려주시겠습니까?

단어를 익혀보세요

路	lù	명 번 (버스의 노선 번호)
站	zhàn	명 정류장. 역
对面	duìmiàn	명 맞은편. 건너편
市政府	shìzhèngfǔ	명 시청
师傅	shīfu	명 기사 (운전기사 등을 부르는 호칭)

풀어보세요

다음 빈칸에 알맞은 단어를 선택하세요.

去东方明珠要坐几_____车?

동방명주에 가려면 몇 번 버스를 타야 하나요?

① 站 zhàn

② 路 lù

③ 号 hào

④ 次 cì

알아두세요!

想一想：你了解中国的公共汽车吗?

중국의 버스에 대해 알고 있나요?

중국의 시내버스는 한국과 비슷하게 '无人售票 wúrén shòupiào', 즉 무인매표의 방법을 취하고 있어 승객들이 직접 현금이나 카드로 요금을 지불합니다. 시외버스에서는 이전의 한국처럼 버스 승무원이 있어서 직접 요금을 지불하면 됩니다. 중국에는 특별히 '铁路移动售票车 tiělù yídòng shòupiàochē'라고 해서 이동매표소가 있는데, 단체예약을 전제로 하여 예약시간과 장소가 약속되면 직접 매표치가 찾아온다는 편리함이 있습니다.

6-3

出租车

chūzū chē

택시

들어보세요

1. 麻烦你帮我叫一辆出租车好吗?

   Máfan nǐ bāng wǒ jiào yí liàng chūzūchē hǎo ma?

2. 我到青岛大酒店。

   Wǒ dào Qīngdǎo dàjiǔdiàn.

3. 师傅,请您打表。

   Shīfu, qǐng nín dǎbiǎo.

4. 请在前面的红绿灯那儿掉头。

   Qǐng zài qiánmiàn de hónglǜdēng nàr diàotóu.

5. 请您在拐弯儿后停车就可以了。

   Qǐng nín zài guǎiwānr hòu tíngchē jiù kěyǐ le.

해석해 보세요

麻烦你帮我叫一辆出租车好吗?

Máfan nǐ bāng wǒ jiào yí liàng chūzūchē hǎo ma?

미안합니다만 택시 한 대 불러 주세요.

我到青岛大酒店。

Wǒ dào Qīngdǎo dàjiǔdiàn.

청도 그랜드 호텔로 가 주세요.

师傅，请您打表。

Shīfu, qǐng nín dǎbiǎo.

기사님, 미터기를 켜고 갑시다.

请在前面的红绿灯那儿掉头。

Qǐng zài qiánmiàn de hónglǜdēng nàr diàotóu.

저 앞 신호등에서 유턴해 주세요.

请您在拐弯儿后停车就可以了。

Qǐng nín zài guǎi wānr hòu tíngchē jiù kěyǐ le.

코너를 돌아서 세워 주시면 됩니다.

단어를 익혀보세요

出租车	chūzūchē	명 택시
打表	dǎbiǎo	동 미터기를 켜다
红绿灯	hónglǜdēng	명 신호등
掉头	diàotóu	동 유턴을 하다
拐弯儿	guǎiwānr	동 모퉁이를 돌다

풀어보세요

"红绿灯"과 의미가 같은 말을 골라보세요.

① 彩灯 cǎidēng

② 路灯 lùdēng

③ 信号灯 xìnhàodēng

④ 日光灯 rìguāngdēng

알아두세요!

想一想：你知道韩中两国的出租车打表器有什么不一样吗?

한중 양국의 택시미터기는 한국과 어떻게 다를까요?"

중국에 가서 택시를 타보면 아직도 많은 택시들이 이전의 한국 택시의 미터기처럼 따르륵하고 미터기를 꺾는 모습을 볼 수 있습니다. 중국어로 '미터기를 꺾다'라는 말은 '打表 dǎbiǎo'라고 합니다. 중국어를 배운 외국인들은 택시를 出租车 chūzūchē 라고 부르지만, 실제로 중국에서는 '的士 díshì'라는 말도 많이 쓰이고 있습니다. 대만에서는 택시를 '计程车 jìchéngchē'라고 부릅니다.

6-4

火车
huǒchē
기차

들어보세요

1. 给我一张去上海的软卧票。
   Gěi wǒ yì zhāng qù Shànghǎi de ruǎnwòpiào.

2. 今天的票都卖完了，只剩下站票了。
   Jīntiān de piào dōu màiwán le, zhǐ shèngxià zhànpiào le.

3. 请问，餐厅在几号车厢？
   Qǐngwèn, cāntīng zài jǐ hào chēxiāng?

4. 请乘坐1312次火车的乘客，在5号候车厅等待。
   Qǐng chéngzuò yāo sān yāo èr cì huǒchē de chéngkè, zài wǔ hào hòuchētīng děngdài.

5. 退票的时候需要付20%的手续费。
   Tuìpiào de shíhou xūyào fù bǎi fēn zhī èr shí de shǒuxùfèi.

해석해 보세요

给我一张去上海的软卧票。

Gěi wǒ yì zhāng qù Shànghǎi de ruǎnwòpiào.

상하이에 가는 일등 침대석 한 장 주세요.

今天的票都卖完了，只剩下站票了。

Jīntiān de piàodōu màiwán le, zhǐ shèngxià zhànpiào le.

오늘 표는 다 매진되었고 입석표만 남아 있습니다.

请问，餐厅在几号车厢?

Qǐngwèn, cāntīng zài jǐ hào chēxiāng?

실례합니다만 식당은 몇 호 차에 있습니까?

请乘坐1312次火车的乘客，在5号候车厅等待。

Qǐng chéngzuò yāo sān yāo èr cì huǒchē de chéngkè, zài wǔ hào hòuchētīng děngdài.

1312호 기차를 타실 승객께서는 5번 대합실에서 기다려주시기 바랍니다.

退票的时候需要付20%的手续费。

Tuìpiào de shíhou xūyào fù de shǒuxùfèi.

기차표를 환불할 때 수수료 20%를 내야 합니다.

단어를 익혀보세요

软卧	ruǎnwò	명 일등 침대석
餐厅	cāntīng	명 식당
车厢	chēxiāng	형 객실
乘客	chéngkè	명 승객
候车厅	hòuchētīng	명 대합실
退票	tuìpiào	동 표를 환불하다
手续	shǒuxù	명 수속

풀어보세요

'20%'의 정확한 중국어 발음은?

알아두세요!

想一想：你知道中国都有什么样的火车吗?

중국의 기차는 어떤 게 있나요?

중국의 기차는 대문자 알파벳으로 각 기차의 종류를 표시합니다. 잘 기억해두면 중국에서 기차여행을 할 때 도움이 될 수 있습니다.

D 动车 dòngchē 평균시속 200km 이상의 기차

Z 直达车 zhídáchē 직통기차

G 高铁列车 gāotiě lièchē 고속철도

T 特快列车 tèkuài lièchē 특급열차

K 快车 kuàichē 급행열차

L 临时列车 línshí lièchē 임시열차

6-5

租车
zū chē
렌터카

들어보세요

1. 我想租一辆自动档的轿车。
   Wǒ xiǎng zū yí liàng zìdòngdǎng de jiàochē.

2. 请出示一下您的护照和国际驾照。
   Qǐng chūshì yíxià nín de hùzhào hé guójì jiàzhào.

3. 请给我租的车配一个导航，押金是多少？
   Qǐng gěi wǒ zūde chē pèi yígè dǎoháng, yājīn shì duōshao?

4. 如果你停在这里，车马上就会被拖走。
   Rúguǒ nǐ tíng zài zhèlǐ, chē mǎshàng jiù huì bèi tuōzǒu.

5. 现在几乎所有的停车场都要收费，哪有免费停车场！
   Xiànzài jīhū suǒyǒu de tíngchēchǎng dōu yào shōufèi, nǎ yǒu miǎnfèi tíngchēchǎng!

해석해 보세요

我想租一辆自动档的轿车。

Wǒ xiǎng zū yí liàng zìdòngdǎng de jiàochē.

오토매틱 차량(자동변속기 차량) 한 대 빌리고 싶은데요.

请出示一下您的护照和国际驾照。

Qǐng chūshì yíxià nín de hùzhào hé guójì jiàzhào.

여권하고 국제 운전면허증을 좀 보여주세요.

请给我租的车配一个导航，押金是多少?

Qǐng gěi wǒ zūde chē pèi yígè dǎoháng, yājīn shì duōshao?

제 렌트카에 네비게이션을 추가해주세요, 보증금이 얼마인가요?

如果你停在这里，车马上就会被拖走。

Rúguǒ nǐ tíng zài zhèlǐ, chē mǎshàng jiù huì bèi tuōzǒu.

여기에 주차하시면 바로 견인될 수 있습니다.

现在几乎所有的停车场都要收费，哪有免费停车场!

Xiànzài jīhū suǒyǒu de tíngchēchǎng dōu yào shōufèi, nǎ yǒu miǎnfèi tíngchēchǎng!

요즘 거의 모든 주차장에서 요금을 받아요, 무료 주차장이 어디 있어요!

단어를 익혀보세요

自动挡	zìdòngdǎng	명 오토매틱
护照	hùzhào	명 여권
驾照	jiàzhào	명 운전 면허증
导航	dǎoháng	명 내비게이션
押金	yājīn	명 보증금
拖走	tuōzǒu	동 견인하다
停车场	tíngchēchǎng	명 주차장

풀어보세요

다음 빈칸에 알맞은 단어를 선택하세요.

如果你停在这里，车马上就会被______了。

여기에 주차하시면 바로 견인될 수 있습니다.

① 拿走 názǒu

② 带走 dàizǒu

③ 拖走 tuō zǒu

④ 搬走 bānzǒu

알아두세요!

想一想：你知道怎么用汉语来表达与汽车相关的词汇吗?

자동차와 관련된 어휘를 알고 있나요?

중국에 가서 운전 할 일이 있을 정도로 장기 거주를 하게 될 때 알아둘 필요가 있는 자동차 관련 어휘입니다.

方向盘 fāngxiàngpán 핸들

打方向盘 dǎ fāngxiàngpán 핸들을 돌리다

车内后视镜 chēnèi hòushìjìng 백미러

左右后视镜 zuǒyòu hòushìjìng 사이드미러

轮胎 lúntāi 타이어

后尾箱 hòuwěixiāng 트렁크

打开后尾箱 dǎkāi hòuwěixiāng 트렁크를 열다

07장

酒店常用句

jiǔdiàn chángyòng jù

호텔 관련 표현

7-1 办理入住

bànlǐ rùzhù

체크인

들어보세요

1. 你好，我预定了一个标准间，我叫赵润馨。

   Nǐ hǎo, wǒ yùdìng le yí ge biāozhǔnjiān, wǒ jiào Zhào rùnxīn.

2. 请稍等。您预定的是一个海景房标准间，住两个晚上，对吧？

   Qǐngshāoděng. Nín yùdìng de shì yí ge hǎijǐngfáng biāozhǔnjiān, zhù liǎng ge wǎnshang, duì ba?

3. 请您在押金收据上签字。这是您的房卡和早餐券。

   Qǐng nín zài yājīn shōujù shang qiānzì. Zhè shì nín de fángkǎ hé zǎocānquàn.

4. 我没有预定，现在有房间吗？

   Wǒ méi yǒu yùdìng, xiànzài yǒu fángjiān ma?

5. 我帮您看一下吧。现在是旺季，房间很紧张。

   Wǒ bāng nín kàn yíxià ba. Xiànzài shì wàngjì, fángjian hěn jǐnzhāng.

해석해 보세요

你好，我预定了一个标准间，我叫赵润馨。

Nǐ hǎo, wǒ yùdìng le yí ge biāozhǔnjiān, wǒ jiào Zhào rùnxīn.

안녕하세요. 저는 스탠다드룸 하나를 예약한 조윤형이라고 합니다.

请稍等。您预定的是一个海景房标准间，住两个晚上，对吧?

Qǐngshāoděng. Nín yùdìng de shì yí ge hǎijǐngfáng biāozhǔnjiān, zhù liǎng ge wanshàng, duì ba?

잠시만요. 오션뷰 스탠다드룸 하나를 예약하셨고, 2박으로 묵으실 거죠?

请您在押金收据上签字。这是您的房卡和早餐券。

Qǐng nín zài yājīn shōujù shang qiānzì. Zhè shì nín de fángkǎ hé zǎocānquàn.

보증금 영수증에 사인해주세요. 여기 객실 카드와 아침 식사권입니다.

我没有预定，现在有房间吗?

Wǒ méi yǒu yùdìng, xiànzài yǒu fángjiān ma?

예약은 하지 않았는데, 지금 방이 있나요?

我帮您看一下吧。现在是旺季，房间很紧张。

Wǒ bāng nín kàn yíxià ba. Xiànzài shì wàngjì, fángjiān hěn jǐnzhāng.

제가 확인해 보겠습니다. 지금은 성수기라 방이 여유가 없네요.

단어를 익혀보세요

标准间	biāozhǔnjiān	명 스탠다드룸
海景房	hǎijǐngfáng	명 오션뷰 룸
早餐券	zǎocānquàn	명 조식권
预定	yùdìng	동 예약하다
旺季	wàngjì	명 성수기

풀어보세요

다음 빈칸에 알맞은 단어를 선택하세요.

现在是______，房间很紧张。

지금은 성수기라 방이 여유가 없네요.

① 淡季 dànjì

② 旺季 wàngjì

③ 过季 guò jì

④ 四季 sìjì

알아두세요!

想一想：在中国住酒店需要押金，你知道吗？

중국의 호텔에는 보증금이 있다는 것은 아시나요?

중국의 호텔에서는 체크인 할 때, 신분증과 함께 일정한 금액의 보증금을 담보로 맡겨야 합니다. 이때 쓰는 말로 '预交 yùjiāo'라는 말은 '예납하다'는 의미이며, '预交金额 yùjiāo jīn'é'는 '예납금액'을 말합니다. 이 돈은 당연히 체크아웃 할 때 다시 돌려받을 수 있습니다. 단, 호텔용품을 가져가거나 파손시키는 등 아무런 피해를 끼치지 않았을 때에 한해서입니다.

7-2

利用客房服务

lìyòng kèfáng fúwù

룸서비스 이용

들어보세요

1. 你好，我是1312房间的客人，请在明天早上6点叫醒我。

   Nǐ hǎo, wǒ shì yāo sān yāo èr fángjiān de kèrén, qǐng zài míngtiān zǎoshang liù diǎn jiàoxǐng wǒ.

2. 请问昨天我干洗的裤子，今天什么时候可以拿到?

   Qǐng wèn zuótiān wǒ gānxǐ de kùzi, jīntiān shénme shíhou kěyǐ nádào?

3. 这里是605房间，麻烦您派一个人上来帮我拿一下行李。

   Zhèlǐ shì liù líng wǔ fángjiān, máfan nín pài yí ge rén shànglái bāng wǒ ná yí xià xíngli.

4. 我房间的保险箱不知道为什么不能用了，麻烦您找人来看一下。

Wǒ fángjiān de bǎoxiǎnxiāng bù zhīdào wèishénme bù néng yòng le, máfan nín zhǎo rén lái kàn yí xià.

5. 请帮我转一下717房间。

Qǐng bāng wǒ zhuǎn yíxià qī yāo qī fángjiān.

해석해 보세요

你好，我是1312房间的客人，请在明天早上6点叫醒我。

Nǐ hǎo, wǒ shì yāo sān yāo èr fángjiān de kèrén, qǐng zài míngtiān zǎoshàng liù diǎn jiàoxǐng wǒ.

안녕하세요, 저는 1312 호에 묵고 있는 투숙객인데요, 내일 아침 6시에 좀 깨워 주시기 바랍니다.

请问昨天我干洗的裤子，今天什么时候可以拿到?

Qǐng wèn zuótiān wǒ gānxǐ de kùzi, jīntiān shénme shíhou kěyǐ nádào?

제가 어제 드라이클리닝 맡겼던 바지 오늘 언제쯤 찾을 수 있나요?

这里是605房间，麻烦您派一个人上来帮我拿一下行李。

Zhèlǐ shì liù líng wǔ fángjiān, máfan nín pài yí ge rén shànglái bāng wǒ ná yí xià xíngli.

여기 605호인데요, 제 짐을 옮겨줄 직원을 좀 보내주세요.

我房间的保险箱不知道为什么不能用了，麻烦您找人来看一下。

Wǒ fángjiān de bǎoxiǎnxiāng bù zhīdào wèishénme bù néng yòng le, máfan nín zhǎo rén lái kàn yí xià.

왜 그런지 잘 모르겠는데 제 방에 있는 금고가 사용할 수 없게 되었어요. 도와줄 사람을 좀 보내주세요.

请帮我转一下717房间。

Qǐng bāng wǒ zhuǎn yíxià qī yāo qī fángjiān.

717호 방으로 전화 연결 좀 부탁할게요.

단어를 익혀보세요

叫醒	jiàoxǐng	동 깨우다
干洗	gānxǐ	동 드라이클리닝하다
派	pài	동 보내다
保险箱	bǎoxiǎnxiāng	명 금고
转	zhuǎn	동 바꾸다. 연결하다

풀어보세요

다음 빈칸에 알맞은 단어를 선택하세요.

麻烦您派一个人________帮我拿一下行李。

제 짐을 옮겨줄 직원을 좀 보내주세요.

① 下来 xiàlái

② 下去 xiàqù

③ 上去 shàngqù

④ 上来 shànglái

알아두세요!

想一想：你知道酒店房间里的东西用汉语怎么说吗?

호텔방의 구비물품을 중국어로 말할 수 있나요?

중국 호텔에 투숙할 때 구비물품을 중국어로 말하지 못해 불편할 때가 있습니다. 기본적인 물품의 중국어를 익혀두면 더 즐거운 여행이 되겠지요.

拖鞋 tuōxié 슬리퍼

窗帘 chuānglián 커튼

衣架 yījià 옷걸이

衣柜 yīguì 옷장

电热水壶 diànrè shuǐhú 커피포트

吹风机 chuīfēngjī 헤어드라이어기

电熨斗 diànyùndǒu 전기다리미

7-3

利用酒店其他服务

lìyòng jiǔdiàn qítā fúwù

각종 서비스 요청

들어보세요

1. 我的房卡落在房间里了，请帮我开一下门。

   Wǒ de fángkǎ làzài fángjiān li le, qǐng bāng wǒ kāi yí xià mén.

2. 我要去这个饭店，请帮我叫一辆出租车。

   Wǒ yào qù zhè ge fàndiàn, qǐng bāng wǒ jiào yí liàng chūzūchē.

3. 请帮我换一下床单和枕套。

   Qǐng bāng wǒ huàn yí xià chuángdān hé zhěntào.

4. 浴室里没有地巾了，香皂也没有了。

   Yùshì li méi yǒu dìjīn le, xiāngzào yě méi yǒu le.

5. 房间的无线密码是多少？

   Fángjiān de wúxiàn mìmǎ shì duōshao?

해석해 보세요

我的房卡落在房间里了，请帮我开一下门。

Wǒ de fángkǎ làzài fángjiān li le, qǐng bāng wǒ kāi yí xià mén.

방 카드를 방 안에 두고 나와 버렸네요. 문을 좀 열어주세요.

我要去这个饭店，请帮我叫一辆出租车。

Wǒ yào qù zhè ge fàndiàn, qǐng bāng wǒ jiào yí liàng chūzūchē.

제가 이 식당까지 가야하는데, 택시 한 대만 불러주세요.

请帮我换一下床单和枕套。

Qǐng bāng wǒ huàn yí xià chuángdān hé zhěntào.

침대 시트와 베갯잇 좀 바꿔주세요.

浴室里没有地巾了，香皂也没有了。

Yùshì li méi yǒu dìjīn le, xiāngzào yě méi yǒu le.

욕실에 바닥에 까는 수건과 비누가 없네요.

房间的无线密码是多少?

Fángjiān de wúxiàn mìmǎ shì duōshao?

객실 WIFI의 비밀 번호가 무엇인가요?

단어를 익혀보세요

房卡	fángkǎ	명 객실 카드
落	là	동 빠뜨리다. 잊어버리다
叫	jiào	동 호출하다
枕套	zhěntào	명 베갯잇
香皂	xiāngzào	명 비누
无线	wúxiàn	형 무선. WIFI

풀어보세요

다음 빈칸에 알맞은 단어를 선택하세요.

房间的________密码是多少?

객실 WIFI의 비밀 번호가 무엇인가요?

① 天线 tiānxiàn
② 电线 diànxiàn
③ 无线 wúxiàn
④ 有线 yǒuxiàn

알아두세요!

想一想：酒店浴室用品用汉语怎么说?

호텔 욕실의 일회용품을 중국어로 어떻게 말할까요?

중국 호텔 욕실에 구비된 일회용품의 중국어 명칭을 모르면 직접 써봐야 용도를 알 수 있습니다. 쓰기 전에 구별할 수 있도록 미리 중국어를 익혀 두는 게 어떨까요?

一次性牙具 yícìxìng yájù 일회용 양치세트
浴帽 yùmào 샤워캡
香皂 xiāngzào 세수비누
剃须刀 tìxūdāo 면도기
洗发精 xǐfàjīng 샴푸
护发素 hùfàsù 린스

7-4 利用酒店服务设施

lìyòng jiǔdiàn fúwù shèshī

호텔 부가시설 이용

들어보세요

1. 健身房在二楼，对本酒店客人免费开放。

   Jiànshēnfáng zài èr lóu, duì běn jiǔdiàn kèrén miǎnfèi kāifàng.

2. 酒店顶楼的酒吧营业到凌晨1点。

   Jiǔdiàn dǐnglóu de jiǔba yíngyè dào língchén yī diǎn.

3. 我们酒店有一个室外游泳池，但是只在5月到10月期间对客人开放。

   Wǒmen jiǔdiàn yǒu yí ge shìwài yóuyǒngchí, dànshì zhǐ zài wǔ yuè dào shí yuè qījiān duì kèrén kāifàng.

4. 在酒店3楼的商务中心可以收发传真。

   Zài jiǔdiàn sān lóu de shāngwùzhōngxīn kěyǐ shōufā chuánzhēn.

5. 酒店地下一楼有一个桑拿房，24小时营业。

   Jiǔdiàn dìxià yī lóu yǒu yí ge sāngnáfáng, èr shí sì xiǎoshí yíngyè.

해석해 보세요

健身房在二楼，对本酒店客人免费开放。

Jiànshēnfáng zài èr lóu, duì běn jiǔdiàn kèrén miǎnfèi kāifàng.

헬스장은 2층에 있으며, 우리 호텔 투숙객은 무료로 이용 가능합니다.

酒店顶楼的酒吧营业到凌晨1点。

Jiǔdiàn dǐnglóu de jiǔba yíngyèdào língchén yì diǎn.

호텔 스카이 라운지 바는 새벽 1시까지 영업합니다.

我们酒店有一个室外游泳池，但是只在5月到10月期间对客人开放。

Wǒmen jiǔdiàn yǒu yí ge shìwài yóuyǒngchí, dànshì zhǐ zài wǔ yuè dào shí yuè qījiān duì kèrén kāifàng.

저희 호텔에는 실외 수영장이 있습니다만, 5월부터 10월까지만 개방합니다.

在酒店3楼的商务中心可以收发传真。

Zài jiǔdiàn sān lóu de shāngwùzhōngxīn kěyǐ shōufā chuánzhēn.

호텔 3층에 위치한 비즈니스 센터에서 팩스를 주고 받을 수 있습니다.

酒店地下一楼有一个桑拿房，24小时营业。

Jiǔdiàn dìxià yī lóu yǒu yí ge sāngnáfáng, èr shí sì xiǎoshí yíngyè.

호텔 지하 1층의 사우나는 24시간 영업합니다.

단어를 익혀보세요

健身房	jiànshēnfáng	명 헬스장
凌晨	língchén	명 새벽녘
开放	kāifàng	동 개방하다
商务中心	shāngwùzhōngxīn	명 비즈니스센터
桑拿房	sāngnáfáng	명 사우나. 한증막

풀어보세요

다음 빈칸에 알맞은 단어를 선택하세요.

酒店顶楼的酒吧营业到______1点。

호텔 라운지바는 새벽 1시까지 영업합니다.

① 清晨 qīngchén
② 早晨 zǎochén
③ 凌晨 língchén
④ 明晨 míngchén

☑ 알아두세요!

想一想：酒店里都有哪些房型?

호텔 객실 유형에는 어떤 것이 있나요?

중국으로 여행을 가게 되었을 때, 호텔 예약을 하려면 객실 유형을 알아두면 좋겠지요. 일반적인 객실의 유형이나 익혀두세요.

标准房 biāozhǔnfáng 스탠다드룸(Standard Room)

高级房 gāojífáng 수퍼리어룸(SuperiorRoom)'

豪华房 háohuáfáng 디럭스룸(DeluxeRoom)

商务房 shāngwùfáng 비즈니스룸(BusinessRoom)

单人房 dānrénfáng 싱글룸(SingleRoom)

双人房 shuāngrénfáng 트윈룸(TwinRoom)

家庭房 jiātíngfáng 패밀리룸(FamilyRoom)

7-5

退房
tuì fáng
체크아웃

들어보세요

1. 你好，我要退房，这是房卡和押金收据。
   Nǐhǎo, wǒ yào tuìfáng, zhè shì fángkǎ hé yājīn shōujù.

2. 请稍等5分钟，我们需要查一下房。
   Qǐng shāo děng wǔ fēnzhōng, wǒmen xūyào chá yí xià fáng.

3. 冰箱里的酒水都没碰过，您没有额外消费。
   Bīngxiāng lǐ de jiǔshuǐ dōu méi pèngguo, nín méi yǒu éwài xiāofèi.

4. 我没有打过国际长途，为什么账单却记了呢？
   Wǒ méi yǒu dǎguo guójì chángtú, wèi shénme zhàngdān què jì le ne?

5. 你好，我要分开结账，第一天的房费用现金结，第二天的房费刷卡。
   Nǐhǎo, wǒ yào fēnkāi jiézhàng, dìyī tiān de fángfèi yòng xiànjīn jié, dì'èr tiān de fángfèi shuākǎ.

해석해 보세요

你好，我要退房，这是房卡和押金收据。

Nǐhǎo, wǒ yào tuìfáng, zhè shì fángkǎ hé yājīn shōujù.

체크아웃 하려고 여기는 제 방 카드와 보증금 영수증입니다.

请稍等5分钟，我们需要查一下房。

Qǐng shāo děng wǔ fēnzhōng, wǒmen xūyào chá yí xià fáng.

5분만 기다려 주십시오, 저희가 객실을 좀 확인 하겠습니다.

冰箱里的酒水都没碰过，您没有额外消费。

Bīngxiāng lǐ de jiǔshuǐ dōu méi pèngguo, nín méi yǒu éwài xiāofèi.

냉장고 안에 있는 음료는 이용하지 않으셨으니 추가 비용은 없습니다.

我没有打过国际长途，为什么账单却记了呢?

Wǒ méi yǒu dǎguo guójì chángtú, wèi shénme zhàngdān què jì le ne?

저는 국제전화를 이용하지 않았는데, 왜 청구서에는 이용 기록이 있죠?

你好，我要分开结账，第一天的房费用现金结，第二天的房费刷卡。

Nǐhǎo, wǒ yào fēnkāi jiézhàng, dìyī tiān de fángfèi yòng xiànjīn jié, dì'èr tiān de fángfèi shuākǎ.

나눠서 계산하고 싶은데, 첫째 날 이용 요금은 현금으로, 둘째 날 이용 요금은 카드로 계산할게요.

단어를 익혀보세요

押金	yājīn	명 보증금
收据	shōujù	명 영수증
查房	cháfáng	동 객실을 살펴보다
额外	éwài	명 초과 금액
长途	chángtú	명 장거리 전화
结	jié	동 계산하다

풀어보세요

다음 빈칸에 알맞은 단어를 선택하세요.

我要________结账。

나눠서 계산하고 싶습니다.

① 让开 ràngkāi
② 打开 dǎkāi
③ 离开 líkāi
④ 分开 fēnkāi

알아두세요!

想一想：你知道在酒店想睡懒觉的时候怎么办吗?

호텔에서 늦잠을 자고 싶을 때 어떻게 할까요?

"DO NOT DISTURB"라는 말은 중국어로는 "请勿打扰 Qǐngwù dǎrǎo"라고 합니다. 반대로 호텔을 나서면서 청소를 부탁하고 싶을 때, 물론 영어로 "PLEASE MAKE-UP ROOM"이라고 하지만 중국어로는 "请即打扫 Qǐng jí dǎsǎo" 또는 "请即清理 Qǐng jí qīnglǐ"라고 합니다.

08장

在餐厅的常用句

zài cāntīng de chángyòng jù

식당 관련 표현

8-1

寻找餐厅

xúnzhǎo cāntīng

식당 찾기

들어보세요

1. 这附近有没有川菜馆?

   Zhè fùjìn yǒu méi yǒu Chuāncài guǎn?

2. 我想吃地道的上海菜，你有推荐吗?

   Wǒ xiǎng chī dìdao de Shànghǎi cài, nǐ yǒu tuījiàn ma?

3. 请给我介绍一家有情调的西餐厅吧。

   Qǐng gěi wǒ jièshào yì jiā yǒu qíngdiào de xīcāntīng ba.

4. 从酒店到春和楼走着去远吗?

   Cóng jiǔdiàn dào Chūnhélóu zǒuzhe qù yuǎn ma?

5. 前面那条街就是美食街了。

   Qiánmiàn nà tiáo jiē jiù shì měishíjiē le.

해석해 보세요

这附近有 没 有 川菜馆?

Zhè fùjìn yǒu méi yǒu Chuāncàiguǎn?

이 근처에 쓰촨 요리집이 있나요?

我想吃地道的上海菜，你有推荐吗?

Wǒ xiǎng chī dìdao de Shànghǎi cài, nǐ yǒu tuījiàn ma?

저는 정통 상하이 요리를 먹고 싶은데 추천해 주실 데가 있나요?

请给我介绍一家有情调的西餐厅吧。

Qǐng gěi wǒ jièshào yì jiā yǒu qíngdiào de xīcāntīng ba.

분위기 좋은 레스토랑 하나 소개해 주세요.

从酒店到春和楼走着去远吗?

Cóng jiǔdiàn dào Chūnhélóu zǒuzhe qù yuǎn ma?

호텔에서 춘화루까지 걸어서 가면 먼가요?

前面那条街就是美食街了。

Qiánmiàn nà tiáo jiē jiù shì měishíjiē le.

앞에 그 거리는 바로 먹자골목입니다.

단어를 익혀보세요

川菜馆	Chuāncàiguǎn	명 사천 요리 전문점
上海菜	Shànghǎi cài	명 상하이 요리
推荐	tuījiàn	동 추천하다
西餐厅	xīcāntīng	명 레스토랑
情调	qíngdiào	명 분위기
美食街	měishíjiē	명 음식거리

풀어보세요

다음 빈칸에 알맞은 단어를 선택하세요.

我想吃________的上海菜。
저는 정통 상하이 요리를 먹고 싶습니다.

① 原味 yuánwèi
② 原来 yuánlái
③ 本来 běnlái
④ 地道 dìdao

알아두세요!

想一想：你知道中国的八大菜系是什么？
중국의 8대 요리 대계는 무엇이 있을까요?

苏菜 Sūcài 강소성 요리
川菜 Chuāncài 사천성 요리
粤菜 Yuècài 광동성 요리
浙菜 Zhècài 절강성 요리
闽菜 Mǐncài 복건성 요리
鲁菜 Lǔcài 산동성 요리
湘菜 Xiāngcài 호남성 요리
徽菜 Huīcài 안휘성 요리

8-2

点菜

diǎn cài

음식 주문

들어보세요

1. 你们这儿有什么特色菜?

   Nǐmen zhèr yǒu shénme tèsè cài?

2. 我不喜欢太油腻的，你给我推荐几个爽口的 凉菜吧。

   Wǒ bù xǐhuan tài yóunì de, nǐ gěi wǒ tuījiàn jǐ ge shuǎngkǒu de liángcài ba.

3. 我们点这些菜够吗? 你们这儿的菜，量大不大?

   Wǒmen diǎn zhèxiē cài gòuma? Nǐmen zhèr de cài, liàng dà bu dà?

4. 我们不喜欢吃香菜，请厨师做菜的时候一定不要放香菜。

   Wǒmen bù xǐhuan chī xiāngcài, qǐng chúshī zuòcài de shíhòu yídìng bú yào fàng xiāngcài.

5. 先点这些吧，不够的话，我们再点。

   Xiān diǎn zhèxiē ba, bú gòu de huà, wǒmen zài diǎn.

해석해 보세요

你们这儿有什么特色菜?

Nǐmen zhèr yǒu shénme tèsè cài?

여기는 특색 있는 요리가 어떤 것이 있나요?

我不喜欢太油腻的，你给我推荐几个爽口的凉菜吧。

Wǒ bù xǐhuan tài yóunì de, nǐ gěi wǒ tuījiàn jǐ ge shuǎngkǒu de liángcài ba.

저는 너무 기름기 많은 요리를 안 좋아해요, 개운한 냉채 몇 가지 추천해주세요.

我们点这些菜够吗？你们这儿的菜，量大不大?

Wǒmen diǎn zhèxiē cài gòu ma? Nǐmen zhèr de cài, liàng dà bu dà?

우리가 시키는 요리는 부족하지 않을까요? 여기는 요리의 양이 많아요?

我们不喜欢吃香菜，请厨师做菜的时候一定不要放香菜。

Wǒmen bù xǐhuan chī xiāngcài, qǐng chúshī zuòcài de shíhòu yídìng bú yào fàng xiāngcài.

우리는 고수를 안 좋아해요, 주방장에게 음식을 만들 때 고수를 절대 넣지 말라고 전해주세요.

先点这些吧，不够的话，我们再点。

Xiān diǎn zhèxiē ba, bú gòu de huà, wǒmen zài diǎn.

우선 주문은 여기까지 하고 부족하면 우리 다시 추가 할게요.

단어를 익혀보세요

特色菜	tèsècài	명 특색 있는 요리
油腻	yóunì	형 기름지다
爽口	shuǎngkǒu	형 개운하다. 상큼하다
凉菜	liángcài	명 냉채
香菜	xiāng cài	명 고수. 향채
厨师	chúshī	명 요리사

풀어보세요

좋아하는 중국 요리 세 가지를 적어보세요.

알아두세요!

想一想：你知道中国的餐桌礼仪有哪些吗?

중국의 식사예절에는 어떤 것이 있나요?

중국에서 식사를 초대하거나 초대받았을 때 주의해야 하는 것 중의 하나가 자리 배치입니다.

문 입구에서 마주보이는 자리는 그날의 식사를 초대하는 주인의 자리이고, 주인을 기준으로 왼쪽은 가장 서열이 높은 사람, 오른쪽은 그 다음 사람의 자리입니다. 어떻게 자리를 해야 할 지모를 때는 아무렇게나 앉지 말고 초대자나 종업원의 안내를 받는 것이 좋습니다.

8-3

退菜
tuì cài
주문 취소

들어보세요

1. 我要的水饺还没好吗? 麻烦你帮我催一下吧。
   Wǒ yào de shuǐjiǎo hái méi hǎo ma? Máfan nǐ bāng wǒ cuī yí xià ba.

2. 服务员, 这个汤怎么是凉的, 请帮我换一个。
   Fúwùyuán, zhè ge tāng zěnme shì liáng de, qǐng bāng wǒ huàn yí ge.

3. 你看一下这是什么啊? 这道菜我不要了。
   Nǐ kàn yí xià zhè shì shénme a? Zhè dào cài wǒ bú yào le.

4. 嗯? 这是什么菜? 我没点过啊!
   Én? Zhè shì shénme cài? Wǒ méi diǎn guò a!

5. 服务员, 我要的是炒虾仁儿, 不是炸虾仁儿, 你上错了吧。
   Fúwùyuán, wǒ yào de shì chǎo xiārénr, búshì zhá xiārénr, nǐ shàngcuò le ba.

해석해 보세요

我要的水饺还没好吗？麻烦你帮我催一下吧。

Wǒ yào de shuǐjiǎo hái méi hǎo ma? Máfan nǐ bāng wǒ cuī yí xià ba.

제가 주문 했던 물만두는 아직 안 되었나요? 좀 빨리 주시겠어요?

服务员，这个汤怎么是凉的，请帮我换一个。

Fúwùyuán, zhè ge tāng zěnme shì liáng de, qǐng bāng wǒ huàn yí ge.

저기요, 이 탕은 왜 따뜻하지 않죠, 바꿔 주세요.

你看一下这是什么啊？这道菜我不要了。

Nǐ kàn yí xià zhè shì shénme a? Zhè dào cài wǒ bú yào le.

이것 좀 보세요, 이게 뭐예요? 이 요리는 취소해 주세요.

嗯？这是什么菜？我没点过啊！

Én? Zhè shì shénme cài? Wǒ méi diǎn guò a!

응? 이것은 뭐죠? 제가 주문한 적이 없는데요!

服务员，我要的是炒虾仁儿，不是炸虾仁儿，你上错了吧。

Fúwùyuán, wǒ yào de shì chǎo xiārénr, búshì zhá xiārénr, nǐ shàngcuò le ba.

저기요, 제가 시킨 건 새우볶음이지 새우튀김이 아니예요, 잘못 가져온 것 같군요.

단어를 익혀보세요

催	cuī	동 재촉하다
汤	tāng	명 국. 탕
点	diǎn	동 주문하다
炒	chǎo	명 볶다
炸	zhá	명 튀기다

풀어보세요

다음 빈칸에 알맞은 단어를 선택하세요.

麻烦你帮我__________一下吧。
좀 빨리 주시겠어요?

① 快 kuài
② 催 cuī
③ 赶 gǎn
④ 叫 jiào

알아두세요!

想一想：你知道中国的四大名酒是哪几个吗?
중국의 4대 명주에는 무엇이 있을까요?

중국의 4대 명주란 지역을 넘어 모든 중국인에게 가장 사랑받는 4가지의 술을 의미합니다.

贵州茅台酒 Guìzhōu máotáijiǔ 귀주성의 마오타이주
山西汾酒 Shānxī fénjiǔ 산서성의 펀주
四川泸州老窖 Sìchuān lúzhōu lǎojiào 사천성의 루저우 라오지아오주
陕西西凤酒 Shǎnxī xīfèngjiǔ 섬서성의 시펑주

최근 많은 새로운 명주로 떠오르고 있는 水井坊 Shuǐjǐngfáng 이라는 술로 한국인들도 아주 좋아하는 술입니다.

8-4

买单
mǎi dān
식비 계산

들어보세요

1. 服务员，买单。
   Fúwùyuán, mǎidān.

2. 这是您的账单，请确认一下。请问您需要发票吗?
   Zhè shì nín de zhàngdān, qǐng quèrèn yí xià. Qǐng wèn nín xūyào fāpiào ma?

3. 包间的最低消费是800块，包括服务费，因为您不要发票，我们给您打八折。
   Bāojiān de zuìdī xiāofèi shì bā bǎi kuài, bāo kuò fúwùfèi, yīnwèi nín bú yào fāpiào, wǒmen gěi nín dǎ bā zhé.

4. 今天说好我请客，你们不要客气了。
   Jīntiān shuōhǎo wǒqǐngkè, nǐmen búyào kèqi le.

5. 那我们就不客气了，让你破费了，非常 感谢。
   Nà wǒmen jiù bú kèqi le, ràng nǐ pòfèi le, fēicháng gǎnxiè.

해석해 보세요

服务员，买单。

Fúwùyuán, mǎidān.

저기요, 계산이요.

这是您的账单，请确认一下。请问您需要发票吗?

Zhè shì nín de zhàngdān, qǐng quèrèn yí xià. Qǐng wèn nín xūyào fāpiào ma?

여기 계산서가 있으니, 한 번 확인 해주세요. 영수증이 필요하신가요?

包间的最低消费是800块，包括服务费，因为您不要发票，我们给您打八折。

Bāojiān de zuìdī xiāofèi shì bā bǎi kuài, bāo kuò fúwùfèi, yīnwèi nín bú yào fāpiào, wǒmen gěi nín dǎ bā zhé.

룸을 이용하는 최저 비용은 800원이며, 서비스 비용이 포함됩니다. 영수증을 원하지 않으시기 때문에 저희가 20% 할인해 드리겠습니다.

今天说好我请客，你们不要客气了。

Jīntiān shuōhǎo wǒqǐngkè, nǐmen búyào kèqi le.

오늘 내가 사기로 했으니까, 사양하지 마세요.

那我们就不客气了，让你破费了，非常感谢。

Nà wǒmen jiù bú kèqi le, ràng nǐ pòfèile, fēicháng gǎnxiè.

그럼 사양하지 않을게요, 돈을 쓰게 해서 미안하지만 정말 고마워요.

단어를 익혀보세요

买单	mǎidān	동 계산하다 명 계산서
账单	zhàngdān	명 계산서
发票	fāpiào	명 영수증
服务费	fúwùfèi	명 서비스 비용
打折	dǎzhé	동 할인하다
请客	qǐngkè	동 한턱내다
破费	pòfèi	동 (돈, 시간 등을) 쓰다

풀어보세요

다음 중 해석이 옳은 문장을 고르시오.

① 请问您需要发票吗?

영수증 확인 부탁 드려도 될까요?

② 包间的最低消费是800块包括服务费。

룸을 이용하는 최고 식사 비용은 800원이며, 서비스 비용을 포함하고 있습니다.

③ 让你破费了，非常感谢。

돈을 쓰지 않게 해줘서 대단히 감사합니다.

④ 您不要发票，我们给您打八折。

영수증을 원하지 않으니 저희가 20% 할인해 드리겠습니다.

알아두세요!

想一想：你知道中国人是怎么结账的吗?

중국인은 어떻게 계산을 하나요?

중국에서 식사를 마치고 계산을 할 때 "服务员, 买单 fúwùyuán, mǎi dān!" 하고 말하면 종업원이 손님이 있는 자리로 와서 계산을 도와줍니다. 최근에는 신용카드로 계산하는 경우가 많아지면서 손님이 직접 계산대로 가서 계산을 합니다. 계산할 때 가지고 가는 영수증 패드를 중국어로는 '收银夹 shōuyínjiā'라고 합니다.

8-5

快餐

kuài cān

패스트푸드점 이용

들어보세요

1. 我今天不想吃中餐，这儿哪有肯德基？

   Wǒ jīntiān bù xiǎng chī zhōngcān, zhèr nǎ yǒu kěndéjī?

2. 请给我一个鸡腿堡套餐，在这儿吃。

   Qǐng gěi wǒ yí ge jītuǐbǎo tàocān, zài zhèr chī.

3. 请给我一个大薯和一杯芬达。多给我两个番茄酱。

   Qǐng gěi wǒ yí ge dàshǔ hé yìbēi fēndá. Duō gěi wǒ liǎng ge fānqiéjiàng.

4. 我要一份儿鸡米花，要大的，另外还要一个圣代，要草莓味儿的。

   Wǒ yào yí fènr jīmǐhuā, yào dàde, lìngwài háiyào yí ge shèngdài, yào cǎoméi wèir de.

5. 麻烦你把套餐里的可乐换成雪碧，可以吗？

   Máfan nǐ bǎ tàocān li de kělè huànchéng xuěbì, kěyǐma?

해석해 보세요

我今天不想吃中餐，这儿哪有肯德基?

Wǒ jīntiān bù xiǎng chī zhōngcān, zhèr nǎ yǒu kěndéjī?

오늘 중국 음식을 먹기가 싫은데, 여기 KFC는 어디에 있어요?

请给我一个鸡腿堡套餐，在这儿吃。

Qǐng gěi wǒ yí ge jītuǐbǎo tàocān, zài zhèr chī.

치킨 버거 세트 하나 주세요, 여기서 먹을 거예요.

请给我一个大薯和一杯芬达。多给我两个番茄酱。

Qǐng gěi wǒ yí ge dàshǔ hé yìbēi fēndá. Duō gěi wǒ liǎng ge fānqiéjiàng.

감자 튀김 큰 것 하나 하고 환타 한 잔 주세요. 그리고 케첩 두 개 더 주세요.

我要一份儿鸡米花，要大的，另外还要一个圣代，要草莓味儿的。

Wǒ yào yí fènr jīmǐhuā, yào dàde, lìngwài háiyào yí ge shèngdài, yào cǎoméi wèir de.

치킨 팝콘 하나 큰 사이즈로 주시고, 딸기 맛 선데이 아이스크림 하나 주세요.

麻烦你把套餐里的可乐换成雪碧，可以吗?

Máfan nǐ bǎ tàocān li de kělè huànchéng xuěbì, kěyǐma?

세트 메뉴에서 콜라를 사이다로 바꿔 줄 수 있나요?

단어를 익혀보세요

肯德基	kěndéjī	명 KFC
鸡腿堡	jītuǐbǎo	명 치킨버거
套餐	tàocān	명 세트 메뉴
大薯	dàshǔ	명 (큰) 감자 튀김
番茄酱	fānqiéjiàng	명 케첩
鸡米花	jīmǐhuā	명 치킨 팝콘
圣代	shèngdài	명 선데이 아이스크림
雪碧	xuěbì	명 스프라이트(사이다)

풀어보세요

다음 빈칸에 알맞은 단어를 선택하세요.

我要________儿薯条。

감자 튀김 하나 주세요.

① 一袋 yídài

② 一个 yígè

③ 一根 yìgēn

④ 一份 yīfèn

알아두세요!

想一想：外国企业的名称用汉语怎么说?

"중국어로 외국기업의 명칭을 어떻게 말할까요?"

중국에서 외국 기업의 명칭을 번역할 때 대부분 음과 의미를 고려해서 번역을 합니다.

예를 들어, STARBUCKS COFFEE에서 'STAR'는 '별'을 의미하는 중국어 '星 Xīng'으로 번역하고, 'BUCKS'는 그대로 음을 표기하여 '巴克 bākè'라고 하여 '星巴克咖啡 Xīngbākè Kāfēi'라고 번역합니다. 가구전문 용품 브랜드인 'IKEA'는 중국어로 '적합하다'라는 의미를 가진 '宜(Yí)'와 '집'이라는 의미를 가진 '家(jia)'를 함께 사용하여 '집에 좋은 가구'라는 뜻으로 '宜家家居 Yíjiā jiājū'라고 번역합니다.

09장

购物常用句

gòuwù chángyòng jù

쇼핑 관련 표현

9-1

购物规划

gòuwù guīhuá

쇼핑 계획하기

들어보세요

1. 我想给朋友买个礼物，这儿有没有文化市场?

Wǒ xiǎng gěi péngyou mǎi ge lǐwù, zhèr yǒu méi yǒu wénhuà shìchǎng?

2. 我听说台北的夜市很有名。一会儿晚上我们去逛逛吧。

Wǒ tīngshuō Táiběi de yèshì hěn yǒumíng. Yíhuìr wǎnshàng wǒmen qù guàngguang ba.

3. 请问在哪里有苹果专卖店?

Qǐng wèn zài nǎ li yǒu píngguǒ zhuānmàidiàn?

4. 新华书店最近在搞促销活动，买一送一呢。

Xīnhuá shūdiàn zuìjìn zài gǎo cùxiāo huódòng, mǎi yī sòng yī ne.

5. 这个超市的营业时间是从上午十点到晚上九点。

Zhè ge chāoshì de yíngyè shíjiān shì cóng shàngwǔ shí diǎn dào wǎnshàng jiǔ diǎn.

해석해 보세요

我想给朋友买个礼物，这儿有没有文化市场?

Wǒ xiǎng gěi péngyou mǎi ge lǐwù, zhèr yǒu méi yǒu wénhuà shìchǎng?

친구에게 선물을 좀 사주고 싶은데, 주위에 문화 시장이 있나요?

我听说台北的夜市很有名。一会儿晚上我们去逛逛吧。

Wǒ tīngshuō Táiběi de yèshì hěn yǒumíng. Yíhuìr wǎnshàng wǒmen qù guàngguang ba.

타이페이의 야시장이 아주 유명하다고 들었어요. 저녁 때 우리 같이 가봐요.

请问在哪里有苹果专卖店?

Qǐng wèn zài nǎ li yǒu píngguǒ zhuānmàidiàn?

애플 스토어가 어디 있나요?

新华书店最近在搞促销活动，买一送一呢。

Xīnhuá shūdiàn zuìjìn zài gǎo cùxiāo huódòng, mǎi yī sòng yī ne.

신화 서점에서 요즘 판촉 활동으로 '1+1'행사 중입니다.

这个超市的营业时间是从上午十点到晚上九点。

Zhège chāoshì de yíngyè shíjiān shì cóng shàngwǔ shídiǎn dào wǎnshàng jiǔ diǎn。

우리 슈퍼마켓의 영업시간은 오전 10시부터 오후 9시까지입니다.

단어를 익혀보세요

礼物	lǐwù	명 선물
文化	wénhuà	명 문화
夜市	yèshì	명 야시장
逛	guàng	동 거닐다. 구경하다
专卖店	zhuānmàidiàn	명 전문매장
搞	gǎo	동 하다. 다루다
促销	cùxiāo	동 판촉하다
营业	yíngyè	동 영업하다

풀어보세요

다음 빈칸에 알맞은 단어를 선택하세요.

晚上我们去______吧。

저녁 때 우리 같이 둘러봐요.

① 说说 shuōshuo

② 看看 kànkan

③ 听听 tīngting

④ 逛逛 guàngguang

알아두세요!

想一想："你有没有会员卡?"

회원카드가 있나요?

중국의 백화점이나 대형 쇼핑몰에서 물건을 사고 계산 할 때, 직원이 말을 하는데 말을 이해하기 어렵습니다. 바로 "有没有会员卡?", '회원카드가 있느냐'는 말입니다. 회원카드가 있으면 할인혜택 등을 받을 수 있는 이점이 있습니다. '卡 kǎ'가 card의 뜻이라는 걸 알고 있다고 해서 함부로 신용카드를 꺼내주면 안됩니다.

9-2

寻找购买物品

xúnzhǎo gòumǎi wùpǐn

물건 찾기

들어보세요

1. 请问，几楼卖儿童玩具？
   Qǐng wèn, jǐ lóu mài értóng wánjù?

2. 这衬衣是百分之百纯棉的吗？
   Zhè chènyī shì bǎifēnzhībǎi chúnmián de ma?

3. 这高跟鞋有没有37号的？
   Zhè gāogēnxié yǒu méi yǒu sān shí qī hào de?

4. 我不喜欢这种款式的玉镯，还有其它款式的吗？
   Wǒ bù xǐhuan zhè zhǒng kuǎnshì de yùzhuó, háiyǒu qítā kuǎnshì de ma?

5. 柿子这么快就下来啦。涩不涩啊？
   Shìzi zhème kuài jiù xià lái la. Sè bu sè a?

해석해 보세요

请问，几楼卖儿童玩具?

Qǐng wèn, jǐ lóu mài értóng wánjù?

아동 완구는 몇 층에 파나요?

这衬衣是百分之百纯棉的吗?

Zhè chènyī shì bǎifēnzhībǎi chúnmián de ma?

이 셔츠는 100%순면 제품 인가요?

这高跟鞋有没有37号的?

Zhè gāogēnxié yǒu méi yǒu 37hào de?

이 힐은 37호(245 미리) 사이즈가 있나요?

我不喜欢这种款式的玉镯，还有其它款式的吗?

Wǒ bù xǐhuān zhèzhǒng kuǎnshìde yùzhuó, háiyǒu qítā kuǎnshì de ma?

저는 이런 스타일의 옥팔찌는 좋아하지 않아요. 혹시 다른 것이 있나요?

柿子这么快就下来啦。涩不涩啊?

Shìzi zhème kuài jiù xià lái la. Sè bú sè a?

감이 벌써 나왔네요. 좀 떫지 않아요?

단어를 익혀보세요

儿童	értóng	명 아동, 어린이
玩具	wánjù	형 장난감, 완구
衬衣	chènyī	명 와이셔츠
纯棉	chúnmián	형 순면의
高跟鞋	gāogēnxié	명 하이힐
玉镯	yùzhuó	명 옥팔찌
款式	kuǎnshì	명 스타일. 모양
涩	sè	형 (맛이) 떫다

풀어보세요

다음 빈칸에 알맞은 단어를 선택하세요.

这个柿子______不______啊?

이 감은 떫지 않아요?

① 酸 suān

② 甜 tián

③ 苦 kǔ

④ 涩 sè

알아두세요!

想一想：你会用汉语说鞋子的种类吗?

중국어로 신발의 명칭을 말할 수 있나요?

중국 남경과 같이 한 여름 날씨가 섭씨 38도가 넘어가는 지역으로 여행을 가면 당장 시원한 샌들 한 켤레 사고 싶은 마음이 간절합니다. 그러면 샌들을 중국어로 뭐라고 할까요? 중국어로 신발의 명칭을 알아 두면 좋습니다. '샌들'은 '시원하다'라는 의미의 '凉 liáng'자를 써서 '凉拖 liángtuō'라고 합니다. 또 拖鞋 tuōxié 슬리퍼, 休闲鞋 xiūxiánxié 캐주얼화, 懒人鞋 lǎnrénxié 슬립온도 알아 두면 좋습니다.

9-3

讨价还价

tǎojià huánjià

가격 묻기

들어보세요

1. 最低多少钱?

   Zuì dī duōshao qián?

2. 我手里只有这么多钱了。

   Wǒ shǒu li zhǐyǒu zhème duō qián le.

3. 你能再加点儿钱吗? 160(元)也太少了。

   Nǐ néng zài jiā diǎnr qián ma? Yī bǎi liù shí (yuán) yě tài shǎo le.

4. 那您再转一圈吧。上哪儿都没这个价儿。

   Nà nín zài zhuàn yì quān ba. Shàng nǎr dōu méi zhè ge jiàr.

5. 真的不能再便宜了, 这简直跟白送没什么两样了。

   Zhēn de bù néng zài piányi le, zhè jiǎnzhí gēn báisòng méi shénme liǎngyàng lc.

해석해 보세요

最低多少钱?
Zuì dī duōshao qián?
최저가가 얼마예요?

我手里只有这么多钱了。
Wǒ shǒu li zhǐyǒu zhème duō qián le.
제가 가진 돈이 이것뿐입니다.

你能再加点儿钱吗? 160(元)也太少了。
Nǐ néng zài jiā diǎnr qián ma? Yī bǎi liù shí (yuán) yě tài shǎo le.
조금만 더 주실 수 있어요? 160원은 너무 적어요.

那您再转一圈吧。上哪儿都没这个价儿。
Nà nín zài zhuàn yì quān ba. Shàng nǎr dōu méi zhè ge jiàr.
그럼 더 돌아보세요. 어디 가도 이 가격에는 못 삽니다.

真的不能再便宜了，这简直跟白送没什么两样了。
Zhēn de bù néng zài piányi le, zhè jiǎnzhí gēn báisòng méi shénme liǎngyàng le.
정말 더 이상 싸게 드릴 수 없어요, 거의 무료로 드리는 것과 마찬가지입니다.

단어를 익혀보세요

一圈	yìquān	명 한 바퀴
便宜	piányi	형 싸다
白送	báisòng	동 무료로 주다
只有	zhǐyǒu	동 ~밖에 없다
加	jiā	동 더하다
价儿	jiàr	동 값, 가격

풀어보세요

다음 빈칸에 알맞은 단어를 선택하세요.

这________跟白送没什么两样了。

거의 무료로 드리는 것과 마찬가지입니다.

① 简直 jiǎnzhí

② 简单 jiǎndān

③ 简称 jiǎnchēng

④ 简便 jiǎnbiàn

알아두세요!

想一想：中国人喜欢什么数字？

중국인은 어떤 숫자를 좋아 할까요?

중국인은 '6', '8', '9'자를 아주 선호합니다. '6'은 '모든 일이 순조롭다'라는 의미를 포함하는 '六六大顺 liùliùdàshùn'이라는 말에 쓰이기 때문입니다. '8'은 '돈을 벌다'라는 의미의 '发财 fācái'와 음이 비슷하기 때문이며, '9'는 중국인들이 가장 큰 수라고 인식하기 때문입니다. 우리 한국인과 마찬가지로 '4'자를 좋아하지 않는데, 죽음을 의미하는 '死 sǐ'자와 발음이 같기 때문입니다.

9-4

包装和送货
bāozhuāng hé sònghuò
포장 및 배달 부탁

들어보세요

1. 我买这件礼物，能免费包装吗?
   Wǒ mǎi zhè jiàn lǐwù, néng miǎnfèi bāozhuāng ma?

2. 请在包装上面系一个紫色的蝴蝶结。
   Qǐng zài bāozhuāng shàngmian jì yí ge zǐsè de húdiéjié.

3. 我买的这些书可以送货吗?
   Wǒ mǎi de zhèxiē shū kěyǐ sònghuò ma?

4. 我们书店市内免费送货，市外要收送货费。
   Wǒmen shūdiàn shìnèi miǎnfèi sòng huò, shìwài yào shōu sònghuòfèi.

5. 这是我的地址，请在明天中午之前送到。
   Zhè shì wǒ de dìzhǐ, qǐng zài míngtiān zhōngwǔ zhīqián sòngdào.

해석해 보세요

我买这件礼物，能免费包装吗?

Wǒ mǎi zhè jiàn lǐwù, néng miǎnfèi bāozhuāng ma?

제가 이 선물을 사면 무료로 포장해 줄 수 있나요?

请在包装上面系一个紫色的蝴蝶结。

Qǐng zài bāozhuāng shàngmian jì yí ge zǐsè de húdiéjié.

포장 위에 보라색 리본을 하나 달아주세요.

我买的这些书可以送货吗?

Wǒ mǎi de zhèxiē shū kěyǐ sònghuò ma?

제가 산 이 책들을 배달해 줄 수 있나요?

我们书店市内免费送货，市外要收送货费。

Wǒmen shūdiàn shìnèi miǎnfèi sòng huò, shìwài yào shōu sònghuòfèi.

저희 서점은 시내까지는 무료 배달 서비스를 제공하고 있고, 시외부터는 배달 비용을 받고 있습니다.

这是我的地址，请在明天中午之前送到。

Zhè shì wǒ de dìzhǐ, qǐng zài míngtiān zhōngwǔ zhīqián sòngdào.

여기 제 주소입니다. 내일 점심까지 배달 부탁드립니다.

단어를 익혀보세요

包装	bāozhuāng	동 포장하다 명 포장
系	jì	동 매다
紫色	zǐsè	명 자주색
蝴蝶结	húdiéjié	명 리본
送货	sònghuò	동 배달하다
市内	shìnèi	명 시내
市外	shìwài	명 시외
地址	dìzhǐ	명 주소

풀어보세요

다음 빈칸에 알맞은 단어를 선택하세요.

我买的这些书可以________吗?

제가 산 이 책들을 배달해 줄 수 있나요?

① 送礼 sònglǐ
② 送客 sòngkè
③ 送别 sòngbié
④ 送货 sònghuò

알아두세요!

想一想：你知道中国人喜欢什么颜色吗?

중국인이 어떤 색깔을 좋아할까요?

한국에서 유학하고 있는 중국친구들은 겨울에 한국 사람들이 모두 어두운 색 일색의 옷을 입는 걸 보고 의아해 합니다. 중국인들은 겨울이 되면 따뜻한 느낌의 색깔인 '暖色调 nuǎnsèdiào'의 옷을 입는 것을 좋아하며 지역 차이를 떠나 전체적으로 붉은색을 선호합니다.

9-5

交换和退货

jiāohuàn hé tuìhuò

물건을 교환 또는 환불

들어보세요

1. 这件衣服的拉链不太好，请帮我换一下。

   Zhè jiàn yīfu de lāliàn bú tài hǎo, qǐng bāng wǒ huàn yí xià.

2. 对不起，这种货现在没有了，给你退了吧。

   Duì buqǐ, zhè zhǒng huò xiànzài méi yǒu le, gěi nǐ tuì le ba.

3. 这是打折的产品，所以不能换也不能退。

   Zhè shì dǎzhé de chǎnpǐn, suǒyǐ bù néng huàn yě bù néng tuì.

4. 您已经打开包装了，所以退不了。

   Nín yǐjīng dǎkāi bāozhuāng le, suǒyǐ tuì bu liǎo.

5. 如果没有发票，这个商品就不能换了。

   Rúguǒ méi yǒu fāpiào, zhè ge shāngpǐn jiù bùnéng huàn le.

해석해 보세요

这件衣服的拉链不太好，请帮我换一下。

Zhè jiàn yīfu de lāliàn bú tài hǎo, qǐng bāng wǒ huàn yí xià.

이 옷의 지퍼가 좋지 않아요. 좀 바꿔 주세요.

对不起，这种货现在没有了，给你退了吧。

Duì buqǐ, zhè zhǒng huò xiànzài méi yǒu le, gěi nǐ tuì le ba.

죄송합니다만, 지금 이 물건이 없네요, 반품해드리겠습니다.

这是打折的产品，所以不能换也不能退。

Zhè shì dǎzhé de chǎnpǐn, suǒyǐ bù néng huàn yě bù néng tuì.

이 상품은 할인 상품이라, 교환 및 반품이 불가능합니다.

您已经打开包装了，所以退不了。

Nín yǐjīng dǎkāi bāozhuāng le, suǒyǐ tuì bu liǎo.

이미 포장을 개봉하셨기 때문에 반품이 안됩니다.

如果没有发票，这个商品就不能换了。

Rúguǒ méi yǒu fāpiào, zhè ge shāngpǐn jiù bùnéng huàn le.

만약에 영수증이 없으면 이 상품은 교환할 수 없습니다.

단어를 익혀보세요

拉链	lāliàn	명 지퍼
退	tuì	동 환불하다
打折	dǎzhé	동 할인하다
产品	chǎnpǐn	명 제품
包装	bāozhuāng	동 포장하다
发票	fāpiào	명 영수증
商品	shāngpǐn	명 상품. 제품

풀어보세요

다음 중 어떤 상황에서 상품의 반품이 불가능합니까?

① 有发票
② 没开包装
③ 不满意
④ 质量有问题

알아두세요!

想一想：你知道"一分钱一分货"的意思吗?

"싼 게 비지떡이다"라는 말의 의미를 알고 있나요?

모처럼 중국 여행을 가서 쇼핑을 할 때, 싼 것만 찾는 사람이 있습니다. 우리말에 '싼 게 비지떡이다'라는 말이 있듯이 중국에도 이런 말이 있습니다. "一分钱一分货 Yì fēn qián, yì fēn huò"라는 말은 "한 푼에는 한 푼짜리 물건 밖에 없다"는 의미입니다. 또 "便宜没好货 ,好货不便宜。Piányi méi hǎo huò ,hǎo huò bù piányi"라는 말은 "가격이 싸면 좋은 물건이 없고, 좋은 물건이면 가격이 싸지 않다"는 말입니다. 기왕 여행을 갔으면, 비싸더라도 좋은 물건을 사서 오래 쓰는 것도 좋은 일입니다.

10장

观光景点常用句

guānguāng jǐngdiǎn chángyòng jù

관광 관련 표현

10-1

询问景点

xúnwèn jǐngdiǎn

관광지 문의

들어보세요

1. 在这里一日游去哪儿好?

   Zài zhè li yírìyóu qù nǎr hǎo?

2. 你能推荐一下这附近景色好的地方吗?

   Nǐ néng tuījiàn yí xià zhè fùjìn jǐngsè hǎo de dìfang ma?

3. 现在这里在搞什么活动吗?

   Xiànzài zhè li zài gǎo shénme huódòng ma?

4. 在青岛什么地方值得去看?

   Zài Qīngdǎo shénme dìfang zhí dé qù kàn?

5. 年轻人喜欢去的地方是哪里?

   Niánqīngrén xǐhuan qù de dìfang shì nǎ li?

해석해 보세요

在这里一日游去哪儿好?

Zài zhè li yírìyóu qù nǎr hǎo?

여기에서 당일치기 여행은 어디로 가는 것이 좋을까요?

你能推荐一下这附近景色好的地方吗?

Nǐ néng tuījiàn yí xià zhè fùjìn jǐngsè hǎo de dìfang ma?

이 근처 경치 좋은 곳을 좀 추천해줄 수 있으세요?

现在这里在搞什么活动吗?

Xiànzài zhè li zài gǎo shénme huódòng ma?

지금 여기에서 무슨 행사를 하고 있습니까?

在青岛什么地方值得去看?

Zài Qīngdǎo shénme dìfang zhí dé qù kàn?

칭다오에서는 어디를 가볼만 한가요?

年轻人喜欢去的地方是哪里?

Niánqīngrén xǐhuan qù de dìfang shì nǎ li?

젊은 사람들이 자주 가는 곳은 어디인가요?

단어를 익혀보세요

一日游	yírìyóu	명 일일 관광 코스
推荐	tuījiàn	동 추천하다
搞	gǎo	동 ~하다
活动	huódòng	명 행사
值得	zhí dé	동 ~할 만한 가치가 있다
年轻人	niánqīngrén	명 젊은 사람. 젊은이

풀어보세요

다음 빈칸에 알맞은 단어를 선택하세요.

在这里__________去哪儿好?

여기에서 당일치기 여행은 어디로 가는 것이 좋을까요?

① 旅游 lǚyóu

② 自助游 zìzhùyóug

③ 半日游 bànrìyóu

④ 一日游 yírìyóu

알아두세요!

想一想：你知道"上有天堂，下有苏杭?"的意思吗?

"上有天堂 ,下有苏杭"는 무슨 뜻인가요?

"천상에는 천당이 있고, 지상에는 쑤저와 항저우가 있다"는 뜻입니다. 이 말은 그 넓은 중국 땅에서도 쑤저우와 항저우의 경관이 특히 빼어나게 아름답다는 말입니다. 또 자연경관을 이르는 말 중에 "五岳归来不看山 ,黄山归来不看岳"이라는 말이 있습니다. 이 말은 '오악을 보고 돌아보면 다른 산을 보지 않고, 황산을 보고 돌아오면 오악을 보지 않는다.'는 말입니다. 五岳은 중국의 五方을 상징하는 유명한 산으로 東岳 泰山 Dōngyuè Tàishān, 北岳恒山 Běiyuè Héngshān, 南岳衡山 Nányuè Héngshān, 西岳 華山 Xīyuè Huáshān, 中岳嵩山 Zhōngyuè Sōngshān이 있습니다.

10-2 景点入场

jǐngdiǎn rù chǎng

관광지 입장

들어보세요

1. 给我两张成人票，一张儿童票。

   Gěi wǒ liǎng zhāng chéngrénpiào, yì zhāng értóngpiào.

2. 排队检票的人这么多，看来要等一段时间了。

   Páiduì jiǎnpiào de rén zhème duō, kànlái yào děng yíduàn shíjiān le.

3. 那个塔叫什么塔?

   Nà ge tǎ jiào shénme tǎ?

4. 关于这个岩石有一个美丽的传说。

   Guānyú zhè ge yánshí yǒu yí ge měilì de chuánshuō.

5. 泰山的景色果然是名不虚传!

   Tàishān de jǐngsè guǒrán shì míngbùxūchuán!

해석해 보세요

给我两张成人票，一张儿童票。

Gěi wǒ liǎng zhāng chéngrénpiào, yì zhāng értóngpiào.

성인표 두 장, 어린이표 한 장 주세요.

排队检票的人这么多，看来要等一段时间了。

Páiduì jiǎnpiào de rén zhème duō, kànlái yào děng yíduàn shíjiān le.

줄을 서서 검표를 기다리는 사람이 이렇게 많은 걸 보니, 한참 기다려야 되겠네요.

那个塔叫什么塔?

Nà ge tǎ jiào shénme tǎ?

저 탑은 무슨 탑인가요?

关于这个岩石有一个美丽的传说。

Guānyú zhè ge yánshí yǒu yí ge měilì de chuánshuō.

이 바위에 관한 아름다운 전설이 하나 있습니다.

泰山的景色果然是名不虚传！

Tàishān de jǐngsè guǒrán shì míngbùxūchuán!

태산의 경치는 역시 소문 그대로네요!

단어를 익혀보세요

排队	páiduì	동 줄을 서다
检票	jiǎnpiào	동 검표하다
塔	tǎ	명 탑
岩石	yánshí	명 암석. 바위
传说	chuánshuō	명 전설
泰山	Tàishān	명 태산 (중국 5대 산 중의 하나)
名不虚传	míngbùxūchuán	성 명실상부하다

풀어보세요

'果然'하고 같은 뜻을 단어를 고르세요.

① 果冻 guǒdòng

② 果汁 guǒzhī

③ 果真 guǒzhēn

④ 果树 guǒshù

알아두세요!

想一想：你自己能买门票吗?

혼자서 입장권을 살 수 있습니까?

자유여행을 가서 유명 관광지의 입장권을 살 때 자신 있게 살 수 있나요? 卖票所라는 말을 아무리 찾아도 없습니다. 매표소는 중국어로 '卖票处 màipiàochù' 또는 '售票处 shòupiàochù'라고 하는데, '售 shòu는 팔다'라는 뜻입니다. 입장권에는 成人票 chéngrénpiào 성인표, 儿童票 értóngpiào 아동표, 学生票 xuéshengpiào 학생표, 团体票 tuántǐpiào 단체표, 通票 tōngpiào 통합관람권 또는 자유이용권이 있습니다. 아동이라 해도 나이를 기준으로 하는 게 아니라 키를 재서 어른만큼 크면 성인요금을 받는 곳도 있습니다.

10-3

照相
zhào xiàng
사진 촬영

들어보세요

1. 麻烦你，给我照张相，可以吗？
   Máfan nǐ, gěi wǒ zhào zhāng xiàng, kěyǐ ma?

2. 按一下这里就可以了。
   Àn yí xià zhè li jiù kěyǐ le.

3. 你看一下，满意吗？
   Nǐ kàn yí xià, mǎnyì ma?

4. 我闭眼了，麻烦你再给照一张吧！
   Wǒ bìyǎn le, máfan nǐ zài gěi zhào yì zhāng ba!

5. 你们两个人再靠近一点儿。
   Nǐmen liǎng ge rén zài kàojìn yìdiǎnr.

해석해 보세요

麻烦你，给我照张相，可以吗?

Máfan nǐ, gěi wǒ zhào zhāng xiàng, kěyǐ ma?

실례지만 사진 좀 찍어 주시겠습니까?

按一下这里就可以了。

Àn yí xià zhè li jiù kěyǐ le.

여기를 누르면 됩니다.

你看一下，满意吗?

Nǐ kàn yí xià, mǎnyì ma?

한 번 보세요. 마음에 드세요?

我闭眼了，麻烦你再给照一张吧！

Wǒ bìyǎn le, máfan nǐ zài gěi zhào yì zhāng ba!

제가 눈을 감아버렸네요. 미안하지만 한 장 더 부탁 할게요!

你们两个人再靠近一点儿。

Nǐmen liǎng ge rén zài kàojìn yìdiǎnr.

두 분 좀 더 가까이 서보세요.

단어를 익혀보세요

照相	zhàoxiàng	동 사진을 찍다
按	àn	동 누르다
满意	mǎnyì	동 만족하다
闭眼	bìyǎn	동 눈을 감다
靠近	kàojìn	동 가까이가다. 다가가다

풀어보세요

다음 빈칸에 알맞은 단어를 선택하세요.

____________一下这里就可以了。

여기를 누르면 됩니다.

① 按 àn

② 打 dǎ

③ 敲 qiāo

④ 碰 pèng

알아두세요!

想一想：“中国人拍照的时候说什么？”

중국인들은 사진을 찍을 때 뭐라고 말할까요?

한국인들은 사진을 찍을 때, “다 같이 웃으세요, 하나 둘 셋 김치~!”라고 말합니다. 아무래도 사진을 찍을 때 웃는 모습으로 찍는 게 더 보기 좋겠지요. 그러면 중국인들은 사진을 찍을 때 무어라고 할까요? 한국인들이 ‘김치’를 외친다면 중국인들은 보통 ‘茄子qiézi 가지’라고 합니다. 또 유머가 넘치도록 하는 말도 있답니다. “西瓜甜不甜? Xīguā tián bu tián?”이라고 하는데 이 말은 “수박이 달아요, 안 달아요?”라는 뜻입니다. 물론 “甜tián 달아요.”할 때 찰칵 하겠지요.

10-4 购买纪念品

gòumǎi jìniàn pǐn

기념품 구입

들어보세요

1. 这里有名的特产是什么?

   Zhè li yǒumíng de tèchǎn shì shénme?

2. 我们这里的纪念品物美价廉。

   Wǒmen zhè li de jì'niànpǐn wùměijiàlián.

3. 我听说这里假的也不少，小心别上当了。

   Wǒ tīngshuō zhè li jiǎ de yě bù shǎo, xiǎoxīn bié shàng dàng le.

4. 这个纪念品还有别的颜色吗?我想挑一挑。

   Zhè ge jì'niànpǐn hái yǒu bié de yánsè ma? Wǒ xiǎng tiāo yì tiāo.

5. 这种特产带出境没问题吧?

   Zhè zhǒng tèchǎn dài chūjìng méi wèntí ba?

해석해 보세요

这里有名的特产是什么？
Zhè li yǒumíng de tèchǎn shì shénme?
이 지역의 유명한 특산품은 무엇입니까?

我们这里的纪念品物美价廉。
Wǒmen zhè li de jì'niànpǐn wùměijiàlián.
저희 기념품은 가격도 싸고 품질도 좋습니다.

我听说这里假的也不少，小心别上当了。
Wǒ tīngshuō zhè li jiǎ de yě bù shǎo, xiǎoxīn bié shàng dàng le.
제가 듣기로는 여기 가짜(기념품)도 적지 않다는데, 속지 않도록 조심하세요.

这个纪念品还有别的颜色吗？我想挑一挑。
Zhè ge jì'niànpǐn hái yǒu bié de yánsè ma? Wǒ xiǎng tiāo yì tiāo.
이 기념품은 다른 색깔도 있나요? 제가 좀 골라 보고 싶네요.

这种特产带出境没问题吧？
Zhè zhǒng tèchǎn dài chūjìng méi wèntí ba?
이 특산품을 갖고 출국할 때 문제가 없겠죠?

단어를 익혀보세요

特产	tèchǎn	명 특산품
纪念品	jì'niànpǐn	명 기념품
物美价廉	wùměijiàlián	성 상품의 질도 좋고 값도 저렴하다
假	jiǎ	형 가짜의
上当	shàng dàng	동 속다
颜色	yánsè	명 색깔
挑	tiāo	동 고르다
出境	chūjìng	동 출국하다

풀어보세요

다음 빈칸에 알맞은 단어를 선택하세요.

这里假的不少，你别________了。

여기 가짜도 적지 않다는데, 속지 마세요.

① 上班 shàngbān
② 担当 dāndāng
③ 当做 dāngzuò
④ 上当 shàng dàng

알아두세요!

想不想：你知道中国茶有多少种吗?

중국차에 몇 가지가 있는지 알고 있나요?

중국인들은 기름지게 먹는데 비해 살찐 사람들이 많지 않은데, 이는 늘 차를 마시기 때문입니다. 중국은 특히 차문화가 발달되어 있는데, 대략 6가지로 차를 구분합니다. 绿茶 lǜchá 녹차, 黄茶 huángchá 황차, 黑茶 hēichá 흑차, 红茶 hóngchá 홍차, 青茶 qīngchá 청차,白茶 báichá 백차가 있습니다. 한국인이 잘 알고 있는 龙井 lóngjǐng은 녹차에 속하고, 아주 비싼 차로 알고 있는 普洱茶 pǔ'ěrchá 보이차는 흑차, 乌龙茶 wūlóngchá 우롱차는 청차에 속합니다.

10-5

物品挂失

wùpǐn guàshī

분실물 신고

들어보세요

1. 我的背包不见了。

   Wǒ de bēibāo bú jiàn le.

2. 我想不起在哪里丢的。

   Wǒ xiǎng bùqǐ zài nǎ li diū de.

3. 这里是失物招领处吗？我是来拿包的。

   Zhèli shì shīwùzhāolǐngchù ma? Wǒ shì lái ná bāo de.

4. 请问有没有人会说韩语？

   Qǐng wèn yǒu méi yǒu rén huì shuō Hányǔ?

5. 麻烦你们尽快帮我找一找。

   Máfan nǐmen jǐnkuài bāng wǒ zhǎo yì zhǎo.

해석해 보세요

我的背包不见了。
Wǒ de bēibāo bú jiàn le.
제 배낭이 안 보이네요.

我想不起在哪里丢的。
Wǒ xiǎng bùqǐ zài nǎ li diū de.
제가 어디서 잊어버렸는지 기억이 잘 안 나요.

这里是失物招领处吗？我是来拿包的。
Zhèli shì shīwùzhāolǐngchù ma? Wǒ shì lái ná bāo de.
여기가 분실물 센터인가요? 저는 가방을 찾으러 왔습니다.

请问有没有人会说韩语？
Qǐng wèn yǒu méi yǒu rén huì shuō Hányǔ?
혹시 한국어 할 수 있는 분이 계시나요?

麻烦你们尽快帮我找一找。
Máfan nǐmen jǐnkuài bāng wǒ zhǎo yì zhǎo.
실례합니다만 되도록 빨리 제 가방을 좀 찾아 주세요.

단어를 익혀보세요

背包	bēibāo	명 백팩. 배낭
丢	diū	동 잃어버리다
韩语	Hányǔ	명 한국어
尽快	jǐnkuài	부 되도록 빨리

풀어보세요

다음 빈칸에 알맞은 단어를 선택하세요.

麻烦你们________帮我找一找。

실례합니다만 되도록 빨리 제 가방을 좀 찾아 주세요.

① 尽力 jìnlì
② 尽早 jǐnzǎo
③ 尽责 jìnzé
④ 尽快 jǐnkuài

알아두세요!

想一想: "你能看懂注意事项'的内容吗?"

"주의사항을 보고 그냥 지나치지는 않으셨나요?"

여행가서 물건을 잃어버리거나 도둑을 맞게 되면 몹시 불쾌할 뿐만 아니라 불편하기까지 합니다. 어느 나라를 막론하고 이런 상황에 대비해 주의사항을 알리는 게시판을 볼 수 있습니다. 중국에서도 마찬가지인데 특히 유명 관광시나 복잡한 기차역 등에는 "请带好随身物品"이라는 게시판이 있습니다. 이 말은 "휴대한 물건을 잘 보관하기 바랍니다."라는 뜻입니다.

11장

休闲场所常用句
xiūxián chǎngsuǒ chángyòng jù

관광 관련 표현

11-1

在咖啡厅

zài kāfēi tīng

카페 이용

들어보세요

1. 你好，请问你要点儿什么？

   Nǐ hǎo, qǐng wèn nǐ yào diǎnr shénme?

2. 请给我一杯美式咖啡。

   Qǐng gěi wǒ yì bēi měishì kāfēi.

3. 我不喜欢太甜的咖啡，请给我推荐一下吧。

   Wǒ bù xǐhuan tài tián de kāfēi, qǐng gěi wǒ tuījiàn yíxià ba.

4. 除了蛋糕以外，这里有没有简餐？

   Chú le dàngāo yǐwài, zhè li yǒu méi yǒu jiǎncān?

5. 我今天喝过咖啡了，请给我一杯红茶。

   Wǒ jīntiān hēguò kāfēi le, qǐng gěi wǒ yìbēi hóngchá.

해석해 보세요

你好，请问你要点儿 什么?

Nǐ hǎo, qǐng wèn nǐ yào diǎnr shénme?

안녕하세요, 무엇으로 드릴까요?

给我一杯美式咖啡。

Qǐng gěi wǒ yì bēi měishì kāfēi.

아메리카노 한 잔 주세요.

我不喜欢太甜的咖啡，请给我推荐一下吧。

Wǒ bù xǐhuan tài tián de kāfēi , qǐng gěi wǒ tuījiàn yíxià ba.

제가 너무 단 커피는 좋아하지 않아서요, 혹시 다른 것 좀 추천 해주세요.

除了蛋糕以外，这里有没有简餐?

Chú le dàngāo yǐwài, zhè li yǒu méi yǒu jiǎncān?

케이크 외에 여기에서 간단히 먹을 수 있는 것이 있나요?

我今天喝过咖啡了，请给我一杯红茶。

Wǒ jīntiān hēguò kāfēi le, qǐng gěi wǒ yìbēi hóngchá.

오늘 커피는 마셨으니 홍차 한 잔만 주세요.

단어를 익혀보세요

咖啡	kāfēi	명 커피
甜	tián	형 달다. 달콤하다
推荐	tuījiàn	동 추천하다
蛋糕	dàngāo	명 케이크
简餐	jiǎncān	명 간단한 식사
红茶	hóngchá	명 홍차

풀어보세요

다음 빈칸에 알맞은 단어를 선택하세요.

除了蛋糕以外，这里有没有_______?

케이크 외에 여기에서 간단히 먹을 수 있는 것이 있나요?

① 西餐 xīcān
② 日餐 rìcān
③ 快餐 kuàicān
④ 简餐 jiǎncān

알아두세요!

想一想：在咖啡厅，你能用汉语点咖啡吗？
커피숍에서 중국어로 커피 주문을 할 수 있나요?

요즘 한국에서 커피가 보편화되어 커피전문점이 많습니다. 연세가 있는 분들은 커피를 주문할 커피 사이즈(short, tall, grante) 선택 주문 때문에 당황할 때가 많습니다. 커피 한 잔을 시켰는데 다양한 것을 묻는 경우도 많습니다. 한국에서 그럴 경우 "그냥 커피 한 잔 달라니까요."라고 단한국에서도 이러니 중국 가서는 오죽할까요? 그래도 중국 가서 본인이 좋아하는 커피한 잔 시키려면 커피 이름 정도는 알아 두어야겠지요.

美式咖啡 měishìkāfēi 아메리카노
拿铁咖啡 nátiě kāfēi 카페라떼
卡普奇诺 kǎpǔqínuò 카푸치노
焦糖玛奇朵 jiāotángmǎqíduǒ 캬라멜 마끼야또
魔卡咖啡 mókǎ kāfēi 카페 모카

그럼 이렇게 어려운 한자들을 어떻게 읽어야 하나요? 자신 없으면 손가락으로 꾹 찍어 가리키면 됩니다.

11-2

在超市
zài chāoshì
마트 이용

들어보세요

1. 对不起，请你把包存一下。
   Duì bu qǐ, qǐng nǐ bǎ bāo cún yí xià.

2. 请问，购物车在哪儿？
   Qǐng wèn, gòuwùchē zài nǎr?

3. 生活用品区在几楼？
   Shēnghuóyòngpǐnqū zài jǐ lóu?

4. 这些零食在哪儿称？
   Zhè xiē língshí zài nǎr chēng?

5. 请给我看一下你的发票。
   Qǐng gěi wǒ kàn yí xià nǐ de fāpiào.

해석해 보세요

对不起，请你把包存一下?
Duì bu qǐ, qǐng nǐ bǎ bāo cún yí xià?
실례합니다만 가방을 좀 맡아 주시겠어요?

请问，购物车在哪儿?
Qǐng wèn, gòuwùchē zài nǎr?
쇼핑 카트는 어디에 있어요?

生活用品区在几楼?
Shēnghuóyòngpǐnqū zài jǐ lóu?
생활용품 구역은 몇 층에 있어요?

这些零食在哪儿称?
Zhè xiē língshí zài nǎr chēng?
이 간식들 무게는 어디에서 잴 수 있나요?

请给我看一下你的发票?
Qǐng gěi wǒ kàn yí xià nǐ de fāpiào?
영수증 잠깐 보여주시겠어요?

단어를 익혀보세요

存	cún	동 보관하다
购物车	gòuwùchē	명 쇼핑카트
生活用品	shēnghuóyòngpǐn	명 생활용품
零食	língshí	명 간식
称	chēng	동 무게를 재다
发票	fāpiào	명 물건 구매 영수증

풀어보세요

다음 빈칸에 알맞은 단어를 선택하세요.

这些零食在哪儿______?

이 간식들 무게는 어디세서 잴 수 있나요?

① 称重 chēngzhòng
② 体重 tǐzhòng
③ 保重 bǎozhòng
④ 珍重 zhēnzhòng

☑ 알아두세요!

想一想：你能听得懂收银员的话吗?

대형마트 계산원의 말을 알아들을 수 있나요?

중국에 막 도착하면 아는 중국어도 잘 들리지 않습니다. 며칠 지나야 동서남북이 좀 구별되고, 아는 중국어가 들리기 시작합니다. 대형마트에 가서 물건은 내 마음대로 골랐는데, 계산을 할 때 계산원이 뭐라고 하는데 못 알아들어 당황스러울 때가 있습니다. 한국에서는 뭐라고 하나요? "봉투 필요하세요?"라고 하지요, 중국도 마찬가지입니다. "你要不要袋子?", "你要袋子吗?" '袋子 dàizi'는 쇼핑용 비닐봉투입니다. 이럴 때는 무조건 "要"하세요!

11-3

在KTV

zài KTV

노래방 이용

들어보세요

1. 请问你们几位?

   Qǐng wèn nǐmen jǐ wèi?

2. 这个包间有点儿小，我们想要一个大一点儿的。

   Zhè ge bāojiān yǒu diǎnr xiǎo, wǒmen xiǎng yào yí ge dà yìdiǎnr de.

3. 对不起，我们现在没有包间都满了，请稍等。

   Duì bù qǐ, wǒmen xiànzài méi yǒu bāojiān dōu mǎn le, qǐng shāo děng.

4. 你们现在有什么优惠活动吗?

   Nǐmen xiànzài yǒu shénme yōuhuì huódòng ma?

5. 我们KTV现在正在搞活动，一次性消费500元的话，可以免包间费。

   Wǒmen KTV xiànzài zhèngzài gǎo huódòng, yícìxìng xiāofèi wǔ bǎi yuán de huà, kěyǐ miǎn bāojiānfèi.

해석해 보세요

请问你们几位?

Qǐng wèn nǐmen jǐ wèi?

몇 분이세요?

这个包间有点儿小，我们想要一个大一点儿的。

Zhè ge bāojiān yǒu diǎnr xiǎo, wǒmen xiǎng yào yí ge dà yìdiǎnr de.

이 방은 좀 작네요, 좀 더 큰 방으로 주세요.

对不起，我们现在没有包间都满了，请稍等。

Duì bù qǐ, wǒmen xiànzài méi yǒu bāojiān dōu mǎn le, qǐng shāo děng.

죄송합니다만, 지금은 빈 방이 없어서 좀 기다리셔야 합니다.

你们现在有什么优惠活动吗?

Nǐmen xiànzài yǒu shénme yōuhuì huódòng ma?

지금 무슨 할인행사를 하고 있나요?

我们KTV现在正在搞活动，一次性消费500元的话，可以免包间费。

Wǒmen KTV xiànzài zhèngzài gǎo huódòng, yícìxìng xiāofèi wǔ bǎi yuán de huà, kěyǐ miǎn bāojiānfèi.

저희 KTV에서 지금 행사를 하고 있는데, 한 번에 500원을 내시면 방값이 무료입니다.

단어를 익혀보세요

包间	bāojiān	명 음식점이나 유흥업소에서 독방. 룸
优惠	yōuhuì	형 특혜의. 우대의
KTV	KTV	명 노래방
消费	xiāofèi	동 소비하다
免	miǎn	동 무료로 하다

풀어보세요

"这个包间有点小" 이문장 안에 '包间'를 대체 할 수 있는 단어를 고르세요.

① 套件 tàojiàn

② 单间 dānjiān

③ 房间 fángjiān

④ 课间 kèjiān

알아두세요!

想一想：你知道，KTV里面的东西，用汉语怎么说吗?

노래방에서 쓰이는 물건의 이름을 알고 있나요?

중국인은 한국인 못지 않게 노래 부르는 것을 좋아합니다. 대부분 한국의 노래방이 조그마한 방으로 되어있는 것에 비해 중국의 KTV는 대륙답게 그 규모가 어마어마합니다. 마이크 잡으러 가다가 시간초과 되어 추가요금 낼 정도로 방이 크다고 합니다. 노래방에서 사용하는 물건들을 중국어로 익혀 두세요. 시끄러운 노래방에서 손짓발짓 하면서 "这个这个"하면 알아듣지도 못하고 잘 들리지도 않습니다.

麦克风 màikèfēng 마이크

点歌软件 diǎngē ruǎnjiàn 리모콘

激光射灯 jīguāngshèdēng 미러볼

练歌房手册 liàngēfáng shǒucè 노래방 책

铃鼓 línggǔ 탬버린

11-4

在足疗会所

zài zúliáo huìsuǒ

안마 시설 이용

들어보세요

1. 欢迎光临! 请问你需要什么服务?

   Huānyíng guānglín! Qǐng wèn nǐ xūyào shénme fúwù?

2. 我想做足疗加一个全身按摩。

   Wǒ xiǎng zuò zúliáo jiā yí ge quánshēn ànmó.

3. 请问你有没有熟悉的技师?

   Qǐng wèn nǐ yǒu méi yǒu shúxī de jìshī?

4. 请问, 这个力度可以吗?

   Qǐng wèn, zhè ge lìdù kěyǐ ma?

5. 您的服务结束了, 请稍微休息一下。

   Nín de fúwù jiéshù le, qǐng shāowēi xiūxī yí xià.

해석해 보세요

欢迎光临！请问你需要什么服务?

Huānyíng guānglín! Qǐng wèn nǐ xūyào shénme fúwù?

어서오세요! 무엇을 도와드릴까요?

我想做足疗加一个全身按摩?

Wǒ xiǎng zuò zúliáo jiā yí ge quánshēn ànmó?

자주 찾는 안마사가 있나요?

请问你有没有熟悉的技师?

Qǐng wèn nǐ yǒu méi yǒu shúxī de jìshī?

혹시 찾으시는 매니저가 있으신가요?

请问，这个力度可以吗?

Qǐng wèn, zhè ge lìdù kěyǐ ma?

이 정도 세기가 괜찮으신가요?

您的服务结束了，请稍微休息一下。

Nín de fúwù jiéshù le, qǐng shāowēi xiūxī yí xià.

서비스가 모두 끝났으니, 잠깐 쉬고 계십시오.

단어를 익혀보세요

全身	quánshēn	명 전신. 온몸
按摩	ànmó	동 마사지하다
熟悉	shúxī	동 익숙하다
技师	jìshī	명 기사
力度	lìdù	명 세기의 정도
结束	jiéshù	동 끝나다
稍微	shāowēi	부 조금. 다소

풀어보세요

다음 빈칸에 알맞은 단어를 선택하세요.

我想做足疗加一个__________按摩。

저는 발 마사지와 전신 안마를 받고 싶어요.

① 全能 quánnéng

② 全体 quántǐ

③ 全都 quándōu

④ 全身 quánshēn

알아두세요!

想一想:“你知道与足疗相关的词语吗?”

안마서비스의 메뉴판을 읽을 수 있나요?

중국은 마사지 문화가 잘 발달되어있습니다. 한국인들이 중국에 가면 아주 가고 싶어 하는 곳이 발마사지 업소입니다. 그런데 발마사지라는 말을 할 줄 몰라 자기 손으로 발을 주물러 보이면서 어디로 가냐고 묻기도 합니다. 간단한 표현이지만 잘 익혀두면 나중에 유용하게 활용할 수 있습니다.

足疗 zúliáo 발마사지

修脚 xiūjiǎo 패디케어, 발손질

按摩 ànmó 안마(하다)

拔罐 báguàn 부항을 뜨다

11-5

在酒吧

zài jiǔba

바(bar) 이용

들어보세요

1. 我们一起去喝一杯吧。你想喝点儿什么？
   Wǒmen yìqǐ qù hē yì bēi ba. Nǐ xiǎng hē diǎnr shénme?

2. 我要一杯苏格兰威士忌，你尝尝杜松子酒吧。
   Wǒ yào yì bēi sūgélán wēishìjì, nǐ chángchang dùsōngzǐjiǔ ba.

3. 我不太喜欢喝洋酒，太上头了。
   Wǒ bú tài xǐhuan hē yángjiǔ, tài shàngtóu le.

4. 你们这儿有什么特色酒吗？
   Nǐmen zhèr yǒu shénme tèsè jiǔ ma?

5. 我们这儿的鸡尾酒不错，你来一杯吧。
   Wǒmen zhèr de jīwěijiǔ bú cuò, nǐ lái yì bēi ba.

해석해 보세요

我们一起去喝一杯吧。你想喝点儿什么?

Wǒmen yìqǐ qù hē yì bēi ba. Nǐ xiǎng hē diǎnr shénme?

우리 같이 한 잔 마시러 가요. 뭐 마시고 싶어요?

我要一杯苏格兰威士忌，你尝尝杜松子酒吧。

Wǒ yào yì bēi sūgélán wēishìjì, nǐ chángchang dùsōngzǐjiǔ ba.

나는 스카치위스키 한 잔할래, 너는 진(gin) 한 잔 맛 좀 봐.

我不太喜欢喝洋酒，太上头了。

Wǒ bú tài xǐhuan hē yángjiǔ, tài shàngtóu le.

저는 양주를 좋아하지 않아요, 너무 독해서 금방 취하거든요.

你们这儿有什么特色酒吗?

Nǐmen zhèr yǒu shénme tèsè jiǔ ma?

여기에 무슨 특별한 술이 있나요?

我们这儿的鸡尾酒不错，你来一杯吧。

Wǒmen zhèr de jīwěijiǔ bú cuò, nǐ lái yì bēi ba.

저희 바의 칵테일 괜찮은데, 한 잔 하시죠.

단어를 익혀보세요

苏格兰 威士忌	sūgélán wēishìjì	명 스카치위스키
杜松子酒	dùsōngzǐjiǔ	명 진(gin)
洋酒	yángjiǔ	명 양주
上头	shàngtou	형 (술이 독해서) 금방 취하다
鸡尾酒	jīwěijiǔ	명 칵테일

풀어보세요

다음 빈칸에 알맞은 단어를 선택하세요.

我不太喜欢喝__________，太上头了。

저는 양주를 좋아하지 않아서 조금만 마셔도 금방 취해요.

① 红酒 hóngjiǔ

② 白酒 hóngjiǔ

③ 啤酒 píjiǔ

④ 洋酒 yángjiǔ

☑ 알아두세요!

想一想：洋酒用汉语怎么说?

양주를 중국어로 어떻게 말할까요?

중국에서는 각 지방에서 생산되는 명주도 유명하지만, 실제로 양주도 많이 소비되고 있습니다. 몇 가지 양주이름을 알아둡시다.

人头马 réntóumǎ 레미마틴 RemyMartin

芝华士 zhīhuáshì 시바스 Chivas

百龄坛 bǎilíngtán 발렌타인 Ballantine's

尊尼获加 zūnníhuòjiā 조니워커 JohnnieWalker

12장

紧急情况常用句

jǐnjí qíngkuàng chángyòng jù

긴급 상황 관련 표현

12-1

问路

wèn lù

길 찾기

들어보세요

1. 我好像迷路了. 请问这条路叫什么名字?

   Wǒ hǎoxiàng mílù le. Qǐngwèn zhè tiáo lù jiào shénme míngzi?

2. 我想回青岛大酒店，往这个方向走对吗?

   Wǒ xiǎng huí Qīngdǎo dàjiǔdiàn, wǎng zhège fāngxiàng zǒu duì ma?

3. 不好意思，我也不太清楚，你问一下别人吧。

   Bùhǎoyìsi, wǒ yě bú tài qīngchu, nǐ wèn yí xià biérén ba.

4. 你一直往前走，在下一个路口左拐就是酒店了。

   Nǐ yìzhí wǎng qián zǒu, zài xià yí ge lùkǒu zuǒ guǎi jiù shì jiǔdiàn le.

5. 这是我要去的饭店的名片，我已经在这儿附近了吗?

   Zhè shì wǒ yào qù de fàndiàn de míngpiàn, wǒ yǐjīng zài zhèr fùjìn le ma?

해석해 보세요

我好像迷路了。请问这条路叫什么名字?

Wǒ hǎoxiàng mílù le. Qǐngwèn zhè tiáo lù jiào shénme míngzi?

제가 아마 길을 잃은 것 같아요. 실례합니다만 여기 도로명은 무엇입니까?

我想回青岛大酒店，往这个方向走对吗?

Wǒ xiǎng huí Qīngdǎo dàjiǔdiàn, wǎng zhège fāngxiàng zǒu duì ma?

제가 칭다오 그랜드 호텔로 가야하는데, 이 방향이 맞나요?

不好意思，我也不太清楚，你问一下别人吧。

Bùhǎoyìsi, wǒ yě bú tài qīngchu, nǐ wèn yí xià biérén ba.

미안합니다만 저도 잘 모르겠네요, 다른 사람에게 물어보세요.

你一直往前走，在下一个路口左拐就是酒店了。

Nǐ yìzhí wǎng qián zǒu, zài xià yí ge lùkǒu zuǒ guǎi jiù shì jiǔdiàn le.

앞으로 계속 가시다가 다음 교차로에서 왼쪽으로 돌면 바로 호텔입니다.

这是我要去的饭店的名片，我已经在这儿附近了吗?

Zhè shì wǒ yào qù de fàndiàn de míngpiàn, wǒ yǐjīng zài zhèr fùjìn le ma?

여기는 제가 가고자 하는 식당의 명함인데, 내가 이미 그 부근에 와 있나요?

단어를 익혀보세요

方向	fāngxiàng	명 방향
清楚	qīngchu	형 분명하다. 명백하다
别人	biéren	명 남. 타인
路口	lùkǒu	명 길목. 교차로
名片	míngpiàn	명 명함
附近	fùjìn	명 부근. 근처

풀어보세요

다음 빈칸에 알맞은 단어를 선택하세요.

往这个______走对吗?

이 방향으로 가는 것이 맞나요?

① 走向 zǒuxiàng

② 去向 qùxiàng

③ 朝向 cháoxiàng

④ 方向 fāngxiàng

☑ 알아두세요!

想一想：“请再往北面走。”这句话是什么意思?

북쪽으로 조금만 더 가세요'는 무슨 말일까요?

중국어를 다년간 학습하고 중국에 가더라도 길 찾기는 쉽지 않습니다. 사실 한국에서 동서남북, 상하좌우를 모두 배웠는데도 불구하고, 실제 거리에서 그 말을 들으면 하나도 안 들릴 때가 있습니다. 그래서 확실하게 익혀두어야 합니다. 중국인들은 东dōng 동, 西xī 서, 南nán 남, 北 běi 북이라는 표현을 주로 쓰지만, 때로는 동서남북 대신에 上 shàng상, 下 xià 하,左 zuǒ 좌, 右 yòu 우라는 표현을 쓰기도 합니다.

12-2

发生紧急情况

fāshēng jǐnjí qíngkuàng

위급 상황 발생

들어보세요

1. 救命啊!

   Jiù mìng a!

2. 紧急出口在哪儿?

   Jǐnjí chūkǒu zài nǎr?

3. 电梯不动了。

   Diàntī bú dòng le.

4. 我有心脏病，药在包里。

   Wǒ yǒu xīnzāngbìng, yào zài bāo li.

5. 请不要伤害我，钱都在这里。

   Qǐng bú yào shānghài wǒ, qián dōu zài zhè li.

해석해 보세요

救命啊！
Jiù mìng a!
사람 살려!

紧急出口在哪儿?
Jǐnjí chūkǒu zài nǎr?
비상 출구가 어디에 있습니까?

电梯不动了。
Diàntī bú dòng le.
엘리베이터가 움직이지 않아요.

我有心脏病，药在包里。
Wǒ yǒu xīnzāngbìng, yào zài bāo li.
저는 심장병이 있습니다. 약은 가방 안에 있어요.

请不要伤害我，钱都在这里。
Qǐng bú yào shānghài wǒ, qián dōu zài zhè li.
저를 해치지 마세요. 돈은 여기 있는 것이 전부입니다.

단어를 익혀보세요

救	jiù	명 구하다. 구조하다
紧急	jǐnjí	형 긴급하다. 절박하다
电梯	diànti	명 엘리베이터
心脏病	xīnzàngbìng	명 심장병
伤害	shānghài	동 해치다

풀어보세요

다음 빈칸에 알맞은 단어를 선택하세요.

我有________，药在包里。

저는 심장병이 있습니다, 약이 가방 안에 있어요.

① 脑溢血 nǎoyìxuè
② 高血压 gāoxuèyā
③ 冠心病 guānxīnbìng
④ 心脏病 xīnzàngbìng

알아두세요!

想一想："止泻药是什么?"

止泻药는 무엇일까요?

중국에 처음 가면 즐거운 마음이 들떠 이것저것 사먹어 보고 관광을 합니다. 말로만 듣던 정통 사천식 샤부샤부를 먹다보면 많이 맵기는 해도 그럭저럭 먹을 만합니다. 그런데 몇 시간 후, 사람에 따라서 혹독하게 신고식을 치러야 하기도 합니다. 아뿔싸, 한국에서 올 때 소화제와 감기약은 가져왔는데 설사약을 안 가져 왔네요. 설사가 난다는 말을 하고 싶은데 손짓 발짓으로도 표현하기가 어렵지요. 차라리 설사약이라는 단어를 외워둘 걸! 알아두면 유용한 중국어 약 이름입니다.

止泻药 zhǐxièyào 지사제, 설사약
止痛药 zhǐtòngyào 진통제
口罩 kǒuzhào 마스크
眼药 yǎnyào 안약
消化药 xiāohuàyào 소화제

12-3

交通事故

jiāotōng shìgù

교통사고

들어보세요

1. 你能记住肇事车辆的车牌号吗?

Nǐ néng jìzhù zhàoshì chēliàng de chēpáihào ma?

2. 车速太快了，根本看不清楚。

Chē sù tài kuài le, gēnběn kàn bù qīng chu.

3. 你注意到车辆的颜色、型号和有什么特征了吗?

Nǐ zhùyìdào chēliàng de yánsè, xínghào hé yǒu shénme tèzhēng le ma?

4. 是一辆灰色的雪弗莱科鲁兹轿车。

Shì yí liàng huīsède xuěfúlái kēlǔzī jiàochē.

5. 请留下你的联系方式，我们确认好监控录像后再联系您。

Qǐng liúxià nǐ de liánxì fāngshì, wǒmen quèrèn hǎo jiānkòng lùxiàng hòu zài liánxì nín.

해석해 보세요

你能记住肇事车辆的车牌号吗?

Nǐ néng jìzhù zhàoshì chēliàng de chēpáihào ma?

혹시 사고를 낸 차 번호판을 기억 할 수 있어요?

车速太快了，根本看不清楚。

Chē sù tài kuài le, gēnběn kàn bù qīng chu.

차의 속도가 너무 빨라 아예 볼 수가 없었어요.

你注意到车辆的颜色、型号和有什么特征了吗?

Nǐ zhùyìdào chēliàng de yánsè, xínghào hé yǒu shénme tèzhēng le ma?

차량의 색이나 스타일, 그리고 다른 어떤 특징이 될만한 것들이 기억나시나요?

是一辆灰色的雪弗莱科鲁兹轿车。

Shì yí liàng huīsède xuěfúlái kēlǔzī jiàochē.

회색 쉐보레 크루즈 승용차였습니다.

请留下你的联系方式，我们确认好监控录像后再联系您。

Qǐng liúxià nǐde liánxì fāngshì, wǒmen quèrèn hǎo jiānkòng lùxiàng hòu zài liánxì nín。

연락 가능한 전화번호를 남겨주세요, 저희가 CCTV 확인 후 다시 연락드리겠습니다.

단어를 익혀보세요

肇事	zhàoshì	동 사고를 내다
车牌	chēpái	명 차량 번호판
车速	chēsù	명 차의 속도
特征	tèzhēng	명 특징
灰色	huīsè	명 회색
监控录像	jiānkònglùxiàng	명 CCTV

풀어보세요

다음 빈칸에 알맞은 단어를 선택하세요.

你能记住______车辆的车牌号吗?

혹시(사고를 낸)차의 번호판을 기억 할 수 있어요?

① 出事 chūshì

② 肇事 zhàoshì

③ 找事 zhǎoshì

④ 碍事 àishì

☑ 알아두세요!

想一想: "你知道中国的急救电话号码有哪些吗?"

중국의 긴급번호를 알고 있나요?

많은 사람들이 큰 사고를 당했을 때, 막상 119나 112 같은 긴급전화가 생각이 나지 않는다고 합니다. 국내서도 이러한데 외국가면 더 당황스럽고 눈앞이 아찔하겠지요. 나라마다 거의 비슷한데 중국의 긴급번호는 어떻게 될까요? 중국의 긴급전화는 120입니다.

急救电话 jíjiù diànhuà 긴급전화 120

报警电话 bàojǐng diànhuà 범죄신고 110

查号电话 cháhào diànhuà 전화번호 상담전화 114

12-4

遭遇强盗

zāoyù qiángdào

강도 조우

들어보세요

1. 不准动！不要喊！

   Bù zhǔn dòng! Bú yào hǎn!

2. 我的包被抢了！包里有护照、钱包和各种证件。

   Wǒ de bāo bèi qiǎng le! Bāo li yǒu hùzhào, qiánbāo hé gè zhǒng zhèngjiàn.

3. 请不要着急！您能简单描述一下那个强盗的外貌特征吗？

   Qǐng bú yào zháojí! Nín néng jiǎndān miáoshù yí xià nà ge qiángdào de wàimào tèzhēng ma?

4. 那个人是一个个子不高的年轻男人，体型偏瘦，穿褐色运动服。

   Nà ge rén shì yí ge gèzi bù gāo de niánqīng nánrén, tǐxíng piān shòu, chuān hèsè yùndòngfú.

5. 我被抢的位置在五四广场东门入口处。

   Wǒ bèi qiǎng de wèizhi zài Wǔsìguǎngchǎng dōngmén rùkǒu chù.

해석해 보세요

不准动！不要喊！

Bù zhǔn dòng! Bú yào hǎn!

꼼짝 마! 조용히 해!

我的包被抢了！包里有护照、钱包和各种证件。

Wǒ de bāo bèi qiǎng le! Bāo li yǒu hùzhào, qiánbāo hé gè zhǒng zhèngjiàn.

제 가방을 빼앗겼습니다! 가방 안에는 여권, 지갑 그리고 여러 서류가 있어요.

请不要着急！您能简单描述一下那个强盗的外貌特征吗?

Qǐng bú yào zháojí! Nín néng jiǎndān miáoshù yí xià nà ge qiángdào de wàimào tèzhēng ma?

침착하세요! 그 강도의 외모 특징에 대하여 간단히 말씀해주실 수 있나요?

那个人是一个个子不高的年轻男人，体型偏瘦，穿褐色 运动服。

Nà ge rén shì yí ge gèzi bù gāo de niánqīng nánrén, tǐxíng piān shòu, chuān hèsè yùndòngfú.

그 사람은 키가 크지 않은 젊은 남자인데, 체격이 마른 편이고 갈색 츄리닝 입고 있었어요.

我被抢的位置在五四广场东门入口处。

Wǒ bèi qiǎng de wèizhi zài Wǔsìguǎngchǎng dōngmén rùkǒu chù.

제 가방을 도둑 맞은 위치는 오사광장의 동문 입구였어요.

단어를 익혀보세요

证件	zhèngjiàn	명 증거
强盗	qiángdào	명 강도
外貌	wàimào	명 외모
特征	tèzhēng	명 특징
位置	wèizhi	명 위치
描述	miáoshù	동 묘사하다
瘦	shòu	형 체격이 마르다
褐色	hèsè	명 갈색

풀어보세요

다음 빈칸에 알맞은 단어를 선택하세요.

他穿褐色＿＿＿＿＿＿。

그 사람은 갈색 츄리닝을 입고 있었어요.

① 西服 xīfú

② 制服 zhìfú

③ 休闲服 xiūxiánfú

④ 运动服 yùndòngfú

알아두세요!

想一想："小心强盗和小偷！"

강도와 소매치기를 조심하세요!

어느 나라를 막론하고 강도나 소매치기는 다 있습니다. 그래서 외국여행을 가면, 특히 자유여행을 가면 후미진 골목이나 위험하게 느껴지는 곳에는 가지 않는 게 좋습니다. 중국어로 강도는 强盗 **qiángdào**라고 하며 한국말과 같습니다. 사람에게 직접적인 위협은 가하지 않고 지갑이나 가방을 노리는 좀도둑인 소매치기는 小偷 **xiǎotōu**라고 합니다. 이때 '偷**tōu**'는 '훔치다'는 뜻입니다.

12-5

在警察局

zài jǐngchá jú

경찰서

들어보세요

1. 你好，有什么需要帮助的吗？

   Nǐ hǎo, yǒu shénme xūyào bāngzhù de ma?

2. 我是来报案的。我把包落在了出租车上，所有的证件都在包里。

   Wǒ shì lái bàoànde。Wǒ bǎ bāo làzài le chūzūchē shang, suǒyǒu de zhèngjiàn dōu zài bāo li.

3. 你先别着急。你有发票吗？ 能记住出租车的公司吗？

   Nǐ xiān bié zháojí. Nǐ yǒu fāpiào ma? Néng jìzhù chūzūchē de gōngsī ma?

4. 没有发票。我对出租车一点儿印象也没有！

   Méi yǒu fāpiào, wǒ duì chūzūchē yìdiǎnr yìnxiàng yě méi yǒu!

5. 没关系，那我们先帮你立案，然后再帮你在交通广播电台广播一下。

Méi guānxì, nà wǒmen xiān bāng nǐ lì'àn, ránhòu zài bāng nǐ zài jiāotōng guǎngbō diàntái guǎngbō yí xià.

해석해 보세요

你好，有什么需要帮助的吗？

Nǐ hǎo, yǒu shénme xūyào bāngzhù de ma?

안녕하세요, 무엇을 도와드릴까요?

我是来报案的。我把包落在了出租车上，所有的证件都在包里。

Wǒ shì lái bàoànde。Wǒ bǎ bāo làzài le chūzūchē shang, suǒyǒu de zhèngjiàn dōu zài bāo li.

저는 신고하러 왔습니다. 제가 가방을 택시 안에 두고 내렸는데, 그 가방 안에 제 모든 서류가 다 들어있어요.

你先别着急。你有发票吗？能记住出租车的公司吗？

Nǐ xiān bié zháojí. Nǐ yǒu fāpiào ma? Néng jìzhù chūzūchē de gōngsī ma?

침착하세요. 택시 요금 영수증이 있나요? 택시 회사를 기억 할 수 있겠습니까?

没有发票。我对出租车一点儿印象也没有！

Méi yǒu fāpiào, wǒ duì chūzūchē yìdiǎnr yìnxiàng yě méi yǒu!

영수증도 없고, 택시 회사에 대한 기억이 전혀 없습니다!

没关系，那我们先帮你立案，然后再帮你在交通广播电台广播一下。

Méi guānxì, nà wǒmen xiān bāng nǐ lì'àn, ránhòu zài bāng nǐ zài jiāotōng guǎng bō diàntái guǎngbō yí xià.

괜찮습니다, 우선 신고서부터 작성하고 난 다음에 라디오 교통 방송에서 방송을 하도록 하겠습니다.

단어를 익혀보세요

报案	bàoàn	동 (사법 기관에) 신고하다
公司	gōngsī	명 회사. 직장
印象	yìnxiàng	명 인상
立案	lì'àn	동 등록하다
交通广播电台	jiāotōng guǎngbōdiàntái	명 라디오교통방송국
广播	guǎngbō	동 방송하다

풀어보세요

다음 빈칸에 알맞은 단어를 선택하세요.

帮你在交通广播电台________一下。

라디오 교통 방송에서 방송을 하도록 하겠습니다.

① 重播
② 插播
③ 传播
④ 广播

알아두세요!

想一想: "你知道有关酒驾的词语吗?"

음주운전과 관련된 표현을 알고 있나요?

중국도 한국과 마찬가지로 음주운전을 엄격하게 단속하고 있습니다. 단기 여행객이나 중국 장기체류자는 한국이나 중국이나 음주 후 절대로 운전을 해서는 안 됩니다.

酒驾 jiǔjià 음주운전
吹一下 chuī yí xià (후하고) 부세요
查酒驾 chá jiǔjià 음주운전 단속
代驾 dàijià 대리운전

13장

在医院常用句

zài yīyuàn chángyòng jù

병원 관련 표현

13-1

诉说病情

sùshuō bìngqíng

통증 호소

들어보세요

1. 疼死了。一碰就疼。

Téngsǐ le. Yí pèng jiù téng.

2. 头很晕，两脚发软，好像快要晕倒了。

Tóu hěn yūn, liǎng jiǎo fāruǎn, hǎoxiàng kuàiyào yūndǎo le.

3. 肚子像针扎一样，特别疼。

Dùzi xiàng zhēnzhā yíyàng, tèbié téng.

4. 刚才不小心把脚崴了，现在脚脖子已经肿起来了。

Gāngcái bù xiǎoxīn bǎ jiǎo wǎi le, xiànzài jiǎobózi yǐjīng zhǒngqǐlái le.

5. 一到晚上，就会疼得更厉害。

Yídào wǎnshang, jiù huì téng de gèng lìhài.

해석해 보세요

疼死了。一碰就疼。

Téngsǐ le. Yí pèng jiù téng.

아파 죽겠어요. 닿기만 해도 아프네요.

头很晕，两脚发软，好像快要晕倒了。

Tóu hěn yūn, liǎng jiǎo fāruǎn, hǎoxiàng kuàiyào yūndǎo le.

머리가 어지럽고, 다리에도 힘이 없고, 곧 쓰러질 것 같아요.

肚子像针扎一样，特别疼。

Dùzi xiàng zhēnzhā yíyàng, tèbié téng.

배가 바늘로 찌르는 것처럼 너무 아파요.

刚才不小心把脚崴了，现在脚脖子已经肿起来了。

Gāngcái bù xiǎoxīn bǎ jiǎo wǎi le, xiànzài jiǎobózi yǐjīng zhǒngqǐlái le.

아까 조심하지 못해서 발을 삐끗했는데, 지금 발목이 벌써 부었네요.

一到晚上，就会疼得更厉害。

YÍdào wǎnshang, jiù huì téng dé gèng lìhài。

밤이 되면 통증이 더 심해져요.

단어를 익혀보세요

疼	téng	동 아프다
碰	pèng	동 부딪치다. 건드리다
晕倒	yūndǎo	동 기절하여 쓰러지다
针扎	zhēnzhā	동 바늘로 찌르다
崴	wǎi	동 비끗하다
肿	zhǒng	동 붓다. 부어오르다

풀어보세요

다음 빈칸에 알맞은 단어를 선택하세요.

往这个_____走对吗?

아까 조심하지 못해서 발을 삐끗했습니다.

① 骨折 gǔzhé
② 伤 shāng
③ 肿 zhǒng
④ 崴 wǎi

알아두세요!

想一想:"你知道医疗器械的名称吗?"
의료기구 명칭을 알고 있나요?

외국에서 병원갈 일이 생기면 정말 힘이 듭니다. 중국의 병원에서 사용하는 의료기구는 알아두는 것이 좋습니다.

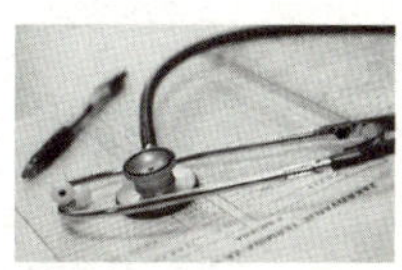

听诊器 tīngzhěnqì 청진기
注射器 zhùshèqì 주사기
体温计 tǐwēnjì 체온계
输液器 shūyèqì 수액, 링거

13-2

紧急救护

jǐnjí jiùhù

응급 구조

들어보세요

1. 有人突然昏倒了，快打120.

   Yǒu rén tūrán hūndǎo le, kuài dǎ yāo èr líng.

2. 他从高处摔下来失去知觉了。

   Tā cóng gāochù shuāixiàlái shīqù zhījué le.

3. 我是他的朋友，我知道他的血型是B型。

   Wǒ shì tā de péngyou, wǒ zhīdao tā de xuèxíng shì B xíng.

4. 护士，他刚才吃了这种药，现在已经昏迷了。

   Hùshi, tā gāngcái chī le zhè zhǒng yào, xiànzài yǐjīng hūnmí le.

5. 这种蛇有剧毒，患者需要马上送往医院。

   Zhè zhǒng shé yǒu jùdú, huànzhě xūyào mǎshàng sòngwǎng yīyuàn.

해석해 보세요

有人突然昏倒了，快打120.

Yǒu rén tūrán hūndǎo le, kuài dǎ yāo èr líng.

사람이 갑자기 쓰러졌어. 빨리 120에 전화해주세요.

他从高处摔下来失去知觉了。

Tā cóng gāochù shuāixiàlái shīqù zhījué le.

그는 높은 곳에서 떨어져 의식을 잃었어요.

我是他的朋友，我知道他的血型是B型。

Wǒ shì tā de péngyou, wǒ zhīdao tā de xuèxíng shì B xíng.

저는 그의 친구인데요, 제가 알기로 그의 혈액형은 B형입니다.

护士，他刚才吃了这种药，现在已经昏迷了。

Hùshi, tā gāngcái chī le zhè zhǒng yào, xiànzài yǐjīng hūnmí le.

간호사님, 그 사람은 방금 전에 이 약을 먹고 정신을 잃었습니다.

这种蛇有剧毒，患者需要马上送往医院。

Zhè zhǒng shé yǒu jùdú, huànzhě xūyào mǎshàng sòngwǎng yīyuàn.

이 뱀은 맹독이 있어서, 환자를 바로 병원으로 보내야 합니다.

단어를 익혀보세요

昏倒	hūndǎo	동 기절하다
知觉	zhījué	명 지각. 감각
血型	xuèxíng	명 혈액형
昏迷	hūnmí	동 의식불명이다
剧毒	jùdú	명 맹독
患者	huànzhě	명 환자
送往	sòngwǎng	~로 보내다

풀어보세요

다음 빈칸에 알맞은 단어를 선택하세요.

他从高处摔下来失去________了。
그는 높은 곳에서 떨어져 의식을 잃었어요.

① 味觉 wèijué
② 知觉 zhījué
③ 触觉 chùjué
④ 嗅觉 xiùjué

알아두세요!

想一想：“你知道人工呼吸吗?”
인공호흡을 알고 있나요?

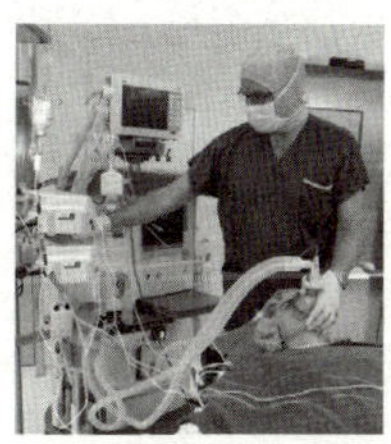

설마 그럴 리는 없겠지만, 요즘 한국의 초등학생까지도 알고 있도록 널리 홍보하고 있는 응급구조에 관한 용어이나 알아두세요.

人工呼吸 réngōng hūxī 인공호흡
胸外按压 xiōngwài ànyā 흉부압박법

13-3

到达医院

dàodá yīyuàn

병원 도착

들어보세요

1. 请问挂号处在哪儿?

   Qǐng wèn guàhàochù zài nǎr?

2. 请拿好病历，皮肤科在5楼，你做电梯上去就可以了。

   Qǐng náhǎo bìnglì, pífūkē zài wǔ lóu, nǐ zuò diàntī shàngqù jiù kěyǐ le.

3. 请69号病人来3号诊疗室。

   Qǐng liù shí jiǔ hào bìngrén lái sān hào zhěnliáoshì.

4. 对不起，上午的门诊已经结束了。下午从一点开始挂号。

   Duì buqǐ, shàngwǔ de ménzhěn yǐjīng jiéshù le. Xiàwǔ cóng yīdiǎn kāishǐ guàhào.

5. 请给我挂主任医师的号。

   Qǐng gěi wǒ guà zhǔrèn yīshī de hào.

해석해 보세요

请问挂号处在哪儿?

Qǐng wèn guàhàochù zài nǎr?

접수창구가 어디에 있나요?

请拿好病历，皮肤科在5楼，你做电梯上去就可以了。

Qǐng náhǎo bìnglì, pífūkē zài wǔ lóu, nǐ zuò diàntī shàngqù jiù kěyǐ le.

진료 카드는 잘 보관하시고, 피부과는 5층에 있습니다. 엘리베이터를 타고 올라가시면 됩니다.

请69号病人来3号诊疗室。

Qǐng liù shí jiǔ hào bìngrén lái sān hào zhěnliáoshì.

69번 환자는 3호 진료실로 오십시오.

对不起，上午的门诊已经结束了。下午从一点开始挂号。

Duì buqǐ, shàngwǔ de ménzhěn yǐjīng jiéshù le. Xiàwǔ cóng yīdiǎn kāishǐ guàhào.

죄송합니다만, 오전 진료는 모두 끝났습니다. 오후 1시부터 다시 접수 가능합니다.

请给我挂主任医师的号。

Qǐng gěi wǒ guà zhǔrèn yīshī de hào.

주임의사에게 진료를 받게 해주세요.

단어를 익혀보세요

挂号处	guàhàochù	명 접수처
病历	bìnglì	명 진료수첩
诊疗室	zhěnliáoshì	명 진찰실
门诊	ménzhěn	명 외래 진찰. 진료
主任医师	zhǔrèn yīshī	명 주임 의사

풀어보세요

다음 빈칸에 알맞은 단어를 선택하세요.

请给我挂________医师的号。

주임의사에게 진료를 받게 해주세요.

① 专任 zhuānrèn
② 责任 zérèn
③ 担任 dānrèn
④ 主任 zhǔrèn

알아두세요!

想一想："你知道医院都有哪些科吗?"

증상에 따른 병원 과의 명칭을 알고 있나요?

중국에 장기체류 계획이 있다면, 알아두어야 할 병원의 각 과별 명칭입니다.

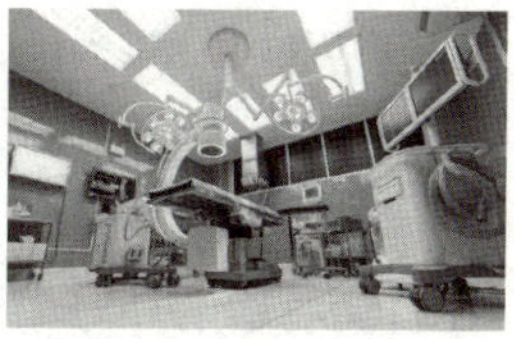

耳鼻喉科 ěrbíhóukē 이비인후과
眼科 yǎnkē 안과
内科 nèikē 내과
妇产科 fùchǎnkē 산부인과
牙科 yákē 치과

13-4

向医生咨询

xiàng yīshēng zīxún

의사 상담

들어보세요

1. 你哪儿不舒服?

   Nǐ nǎr bù shūfu?

2. 我从昨天晚上开始上吐下泻，还有点儿发烧。

   Wǒ cóng zuótiān wǎnshàng kāishǐ shàngtùxiàxiè, hái yǒudiǎnr fāshāo.

3. 看样子像食物中毒，为了保险起见你还是去做一个胃镜 吧。

   Kàn yàngzi xiàng shíwù zhòngdú, wèi le bǎoxiǎn qǐ jiān nǐ háishì qù zuò yīgè wèijìng ba.

4. 检查结果出来了，病情不是很严重，不用太担心。

   Jiǎnchá jiéguǒ chūlái le, bìngqíng bú shì hěn yánzhòng, bú yòng tài dānxīn.

5. 这两天要戒烟、戒酒，需要充足的睡眠。

   Zhè liǎng tiān yào jièyān、jièjiǔ, xūyào chōngzú de shuìmián.

해석해 보세요

你哪儿不舒服?

Nǐ nǎr bù shūfu?

어디가 불편하세요?

我从昨天晚上开始上吐下泻，还有点儿发烧。

Wǒ cóng zuótiān wǎnshàng kāishǐ shàngtùxiàxiè, hái yǒudiǎnr fāshāo.

제가 어제 저녁부터 구토와 설사를 하고 열도 좀 나요.

看样子像 食物中毒，为了保险期间你还是去做一个胃镜吧。

Kàn yàngzi xiàng shíwù zhòngdú, wèi le bǎoxiǎn qījiān nǐ háishì qù zuò yīgè wèijìng ba.

보기에는 식중독 같은데, 보험이 될 때 아무래도 내시경 검사 한 번 해보세요.

检查结果出来了，病情不是很严重，不用太担心。

Jiǎnchá jiéguǒ chūlái le, bìngqíng bú shì hěn yánzhòng, bú yòng tài dānxīn.

검사 결과가 나왔어요. 증상이 그렇게 나쁘지 않으니 크게 걱정하지 마세요.

这两天要戒烟、戒酒，需要充足的睡眠。

Zhè liǎngtiān yào jièyān, jièjiǔ, xūyào chōngzú de shuìmián。

며칠 동안 담배나 술은 금하시고 충분한 수면을 취해야 합니다.

단어를 익혀보세요

舒服	shūfu	형 편안하다
上吐下泻	shàngtùxiàxiè	구토와 설사를 하다
发烧	fāshāo	동 열이 나다
中毒	zhòngdú	동 중독되다
保险	bǎoxiǎn	명 보험
胃镜	wèijìng	명 위 내시경
检查	jiǎnchá	동 검사하다
病情	bìngqíng	명 병세. 증상
充足	chōngzú	형 충족하다
睡眠	shuìmián	명 수면 동 수면하다
戒	jiè	동 끊다. 중분하다

풀어보세요

"需要 充足 的 睡眠" 중 '充足'와 같은 뜻의 단어는?

① 充电 chōngdiàn
② 充当 chōngdāng
③ 充分 chōngfèn
④ 充斥 chōngchì

알아두세요!

想一想："你知道我们身体各部位的名称吗?"

신체부위 명칭에 대하여 알아봅시다.

평소 간단하나 여겨 주의를 가지지 못한 것들이 급할 때는 잘 생각이 나지 않는 경험이 누구나 있을 것입니다. 바로 신체 부위도 마찬가지입니다. 중국 병원에 갔을 때, 这里这里 여기여기 하지 말고 정확하게 중국어로 신체부위를 말하면 의사가 금방 알아듣겠지요?

眼睛 yǎnjing 눈	鼻子 bízi 코
脖子 bózi 목	胳膊 gēbo 팔
手 shǒu 손	腿 tuǐ 다리

13-5

购买、服用药品

gòumǎi、fúyòng yàopǐn

약품 구입 및 복용

들어보세요

1. 拿着药方，先去1楼交费，再到取药处取药。

   Názhe yàofāng, xiān qù yī lóu jiāofèi, zài dào qǔyàochù qǔ yào.

2. 这个药一天吃三次，每次一粒，饭后30分钟后服用。

   Zhè ge yào yì tiān chī sān cì, měi cì yí lì, fànhòu sān shí fēnzhōng hòu fú yòng.

3. 用药期间尽量不要喝酒，不要吃过于油腻的食物。

   Yòng yào qījiān jìnliàng bú yào hējiǔ, bú yào chī guòyú yóunì de shíwù.

4. 这药膏是用来止痒的。哪儿痒就擦哪儿。

   Zhè yàogāo shì yònglái zhǐyǎng de. Nǎr yǎng jiù cā nǎr.

5. 吃药后，有呕吐等不良症状的话，
请马上停止服用，重新来医院检查。

Chī yào hòu, yǒu ǒutù děng bùliáng zhèngzhuàng de huà,
qǐng mǎshàng tíngzhǐ fúyòng, chóngxīn lái yīyuàn jiǎnchá.

해석해 보세요

拿着药方，先去1楼交费，再到取药处取药。

Názhe yàofāng, xiān qù yī lóu jiāofèi, zài dào qǔyàochù qǔ yào.

처방전을 가지고 우선 1층에 가서 계산을 한 후 약국에 가서 약을 받으면 됩니다.

这个药一天吃三次，每次一粒，饭后30分钟后服用。

Zhè ge yào yì tiān chī sān cì, měi cì yí lì, fànhòu sān shí fēnzhōng hòu fú yòng.

이 약은 하루에 3번, 식후 30분에 한 알씩 드세요.

用药期间尽量不要喝酒，不要吃过于油腻的食物。

Yòng yào qījiān jìnliàng bú yào hējiǔ, bú yào chī guòyú yóunì de shíwù.

약을 복용하는 기간에는 가능한 한 금주하시고, 너무 기름진 음식은 피해주세요.

这药膏是用来止痒的。哪儿痒就擦哪儿。

Zhè yàogāo shì yònglái zhǐyǎng de. Nǎr yǎng jiù cā nǎr.

이 연고는 가려움증을 없애는 약입니다. 어디든지 가려운 곳에 바르세요.

吃药后，有呕吐等不良症状的话，
请马上停止服用，重新来医院检查。

Chī yào hòu, yǒu ǒutù děng bùliáng zhèngzhuàng de huà,
qǐng mǎshàng tíngzhǐ fúyòng, chóngxīn lái yīyuàn jiǎnchá.

약 복용 후, 구토와 같은 부작용이 있으면 즉시 복용을 중지하시고,
바로 다시 병원으로 와서 검사 받으세요.

단어를 익혀보세요

药方	yàofāng	명 처방전
取药处	qǔyàochù	명 약을 수령하는 곳
粒	lì	양 알
服用	fúyòng	동 복용하다
药膏	yàogāo	명 연고
止痒	zhǐyǎng	가려움증을 없애다
呕吐	ǒutù	동 구토하다
症状	zhèngzhuàng	명 증상

풀어보세요

다음 빈칸에 알맞은 단어를 선택하세요.

这____________是用来止痒的。

이 연고는 가려움증을 없애는 약입니다.

① 药材 yàocái 약재

② 药水 yàoshuǐ 물약

③ 膏药 gāoyao 고약

④ 药膏 yàogāo 연고

☑ 알아두세요!

想一想: "你能看懂药品说明书吗?"

약품복용 설명서 읽기

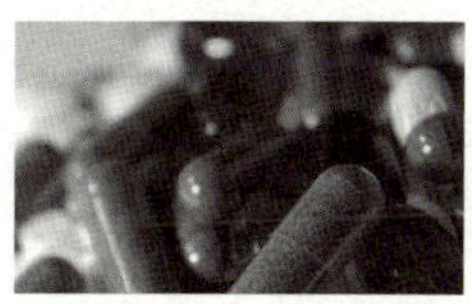

외국에서 급하게 약이 필요해서 약을 구입하더라도 설명서를 정확히 읽지 못하여 안절부절한 경험이 있을 것입니다. 중국에서 약품을 구입하였을 경우, 약품복용 설명서를 간단하게 읽을수 있도록 주요 관련 단어 몇 개 익혀 둡시다!

成份 chéngfèn 성분

主治功能 zhǔzhigōngnéng 효능

用法用量 yòngfǎyòngliàng 용법 및 용량

形状 xíngzhuàng 성상

规格 guīgé 용량

不良反应 bùliáng fǎnyìng 부작용

정답

☑ 1장 인사 관련 표현 问候

1-1 초면 인사 初次见面

③ 荣幸 róngxìng

1-3 연락처 교환 交换联系方式

④ 名片 míngpiàn

1-4 안부 부탁 转达问候

④ 我给你的孩子准备了一些礼物。
저는 아이들에게 선물을 준비했습니다.

1-5 작별 인사 告别

② 常来 chánglái

☑ 2장 대인관계 관련 표현 人际关系常用句

2-1 감사 感谢

④ 客气 kèqi

2-2 사과 道歉

④ 对不起 duìbuqǐ

2-3 축하 祝贺

① 录取 lùqǔ

2-4 부탁 请求

① 可以拜托你一件事吗？
부탁 하나 드려도 괜찮을까요?

2-5 약속 约会

④ 约定 yuēdìng

☑ 3장 감정 표현 感情表达常用句

3-1 기쁨 高兴

④ 合不上 hébushàng

3-2 슬픔(불만､화남､짜증) 悲伤（不满､生气､讨厌）

② 坚持住 jiānchízhù

3-3 걱정 担忧

② 蚂蚁 mǎyǐ

3-4 감탄 感叹

② 这道菜简直太美味了！
이 요리 정말 최고네!

3-5 칭찬 称赞

④ 看起来 kànqǐlái

☑ 4장 직장 생활 관련 표현 职场常用句

4-1 직장 소개 介绍职业

④ 生意 shēngyi

4-2 근무 환경 工作条件

③ 换班 huànbān

4-3 회의 진행 主持会议

② 总裁 zǒngcái

4-4 사무기기 사용 办公用品的使用

③ 你找找月销售报告存在哪个文件夹里？
월 매출 보고서가 어느 폴더에 있는지 찾아주시겠어요?

4-5 인사 이동 人事变动

③ 辞职信 cízhíxìn

☑ 5장 출·입국 관련 표현 出入境常用句

5-1 입국 入境

② 签证 qiānzhèng

5-2 수하물 수취 拿取行李

④ 丢失 diūshī

5-3 귀국 回国

① 超重 chāozhòng

5-4 탑승 안내 청취 机场广播

③ 起飞 qǐfēi

5-5 기내 서비스 机内服务

④ 枕头 zhěntou

☑ 6장 대중교통 관련 표현 利用交通工具常用句

6-1 지하철 地铁

④ 隔 gé

6-2 버스 公共汽车

② 路 lù

6-3 택시 出租车

③ 信号灯 xìnhàodēng

6-4 기차 火车

百分之20（bǎi fēn zhī èr shí）

6-5 렌터카 租车

③ 拖走 tuō zǒu

☑ 7장 호텔 관련 표현 酒店常用句

7-1 체크인 办理入住

② 旺季 wàngjì

7-2 룸서비스 이용 利用客房服务

④ 上来 shànglái

7-3 각종 서비스 요청 利用酒店其他服务

③ 无线 wúxiàn

7-4 호텔 부가시설 이용 利用酒店服务设施

③ 凌晨 língchén

7-5 체크아웃 退房

④ 分开 fēnkāi

☑ 8장 식당 관련 표현 在餐厅的常用句

8-1 식당 찾기 寻找餐厅

④ 地道 dìdao

8-3 주문 취소 退菜

② 催 cuī

8-4 식비 계산 买单

④ 您不要发票，我们给您打八折。
영수증을 원하지 않으니 저희가 20% 할인해 드리겠습니다.

8-5 패스트푸드점 이용 快餐

④ 一份 yīfèn

☑ 9장 쇼핑 관련 표현 购物常用句

9-1 쇼핑 계획하기 购物规划

④ 逛逛 guàngguang

9-2 물건 찾기 寻找购买物品

④ 涩 sè

9-3 가격 묻기 讨价还价

① 简直 jiǎnzhí

9-4 포장 및 배달 부탁 包装和送货

④ 送货 sònghuò

9-5 물건을 교환 또는 환불 交换和退货

③ 不满意

☑ 10장 관광 관련 표현 观光景点常用句

10-1 관광지 문의 询问景点

④ 一日游 yírìyóu

10-2 관광지 입장 景点入场

③ 果真 guǒzhēn

10-3 사진 촬영 照相

① 按 àn

10-4 기념품 구입 购买纪念品

④ 上当 shàngdàng

10-5 분실물 신고 物品挂失

④ 尽快 jǐnkuài

☑ 11장 관광 관련 표현 休闲场所常用句

11-1 카페 이용 在咖啡厅

④ 简餐 jiǎncān

11-2 마트 이용 在超市

① 称重 chēngzhòng

11-3 노래방 이용 在KTV

③ 房间 fángjiān

11-4 안마 시설 이용 在足疗会所

④ 全身 quánshēn

11-5 바(bar) 이용 在酒吧

④ 洋酒 yángjiǔ

☑ 12장 긴급 상황 관련 표현 紧急情况常用句

12-1 길 찾기 问路

④ 方向 fāngxiàng

12-2 위급 상황 발생 发生紧急情况

④ 心脏病 xīnzàngbìng

12-3 교통사고 交通事故

② 肇事 zhàoshì

12-4 강도 조우 遭遇强盗

④ 运动服 yùndòngfú

12-5 경찰서 在警察局

④ 广播

☑ 13장 병원에 관련 표현 在医院常用句

13-1 통증 호소 诉说病情

④ 崴 wǎi

13-2 응급 구조 紧急救护

② 知觉 zhījué

13-3 병원 도착 到达医院

④ 主任 zhǔrèn

13-4 의사 상담 向医生咨询

③ 充分 chōngfèn

13-5 약품 구입 및 복용 购买、服用药品

④ 药膏 yàogāo

☑ 이미지 출처

1-3 (P.23)	https://www.flickr.com/photos/bfishadow/5812041415/
2-2 (P. 38)	https://pixabay.com/photo-1316458/
2-5 (P. 47)	https://pixabay.com/ko/photo-2097978/
3-1 (P. 53)	https://pixabay.com/photo-748514/
3-4 (P. 62)	https://pixabay.com/photo-2056022/
3-5 (P. 65)	https://pixabay.com/ko/photo-1822521/
4-1 (P. 71)	https://upload.wikimedia.org/wikipedia/commons/thumb/e/e8/Adilette_sandals_2004.jpg/716px-Adilette_sandals_2004.jpg
4-3 (P. 77)	https://pixabay.com/photo-1298904/
4-4 (P. 80)	https://pixabay.com/photo-593317/
5-2 (P. 93)	https://pixabay.com/photo-98821/
5-5 (P. 106)	https://commons.wikimedia.org/wiki/Category:Flight_attendants?uselang=ko#/media/File:China_Airlines_Crew_Cardboard_Cut-Out_(New_Uniforms).jpg
6-1 (P. 111)	https://en.wikipedia.org/wiki/File:Beijing_Subway_logo.svg
6-2 (P.115)	https://pixabay.com/ko/photo-1878565/
6-3 (P.118)	https://upload.wikimedia.org/wikipedia/commons/thumb/c/ca/Kowloon_Waterfront%2C_Hong_Kong%2C_2013-08-09%2C_DD_05.jpg/800px-Kowloon_Waterfront%2C_Hong_Kong%2C_2013-08-09%2C_DD_05.jpg
6-5(P. 126)	https://pixabay.com/photo-161770/
7-1 (P. 132)	https://pixabay.com/photo-148625/
7-3 (P. 140)	https://pixabay.com/photo-1330854/

8-1 (P. 153) https://en.wikipedia.org/wiki/File:HK_Sai_Ying_Pun_%E5%90%8D%E6%98%9F%E6%B5%B7%E9%AE%AE%E9%85%92%E5%AE%B6_Star_Seafood_Restaurant_round_table_March-2012_Ip4.jpg

8-2 (P. 157) https://en.wikipedia.org/wiki/File:Spoon_and_chopsticks.jpg

10-2 (P. 201) https://pixabay.com/ko/Photo-1028101/

10-4 (P. 208) https://pixabay.com/ko/photo-978788/

11-2 (P. 220) https://pixabay.com/ko/Photo-272505/

11-4 (P. 228) https://en.wikipedia.org/wiki/File:Massage_Frankfurt.jpg

11-5 (P. 231) https://en.wikipedia.org/wiki/File:Finest_new_serve.png

13-1 (P. 257) https://pixabay.com/en/medical-appointment-doctor-563427/

13-2 (P. 261) https://pixabay.com/en/operation-respiratory-mask-540598/

13-3 (P. 265) https://pixabay.com/en/the-device-hospital-surgery-1822457/

13-5 (P. 273) https://pixabay.com/en/pharmaceuticals-medicine-medical-385950/

생활중국어

초판 인쇄 2017년 3월 17일
초판 발행 2017년 3월 24일

지은이 원종민 · 자오룬신 · 서준
발행인 김인철
총괄 · 기획 가정준 Director, University Knowledge Press
편집장 신선호 Executive Knowledge Contents Creator
도서편집 김민정 Contents Creator
전자책편집 최인우 Chief e-Contents Creator
재무관리 김은혜 Managing Creator
발행처 한국외국어대학교 지식출판원
02450 서울특별시 동대문구 이문로 107
전화 02)2173-2493~7
팩스 02)2173-3363
홈페이지 http://press.hufs.ac.kr
전자우편 press@hufs.ac.kr
출판등록 제6-6호(1969. 4. 30)
디자인 · 편집 디자인퍼브 02) 2254-4308
인쇄 · 제본 네오프린텍(주) 02)718-3111

ISBN 979-11-5901-183-2 13720 정가 17,000원

*잘못된 책은 교환하여 드립니다.

HU:NE은 한국외국어대학교 지식출판원의 어학도서, 사회과학도서, 지역학 도서 Sub Brand이다. 한국외대의 영문명인 HUFS, 현명한 국제전문가 양성(International +Intelligent)의 의미를 담고 있으며, 휴인(携引)의 뜻인 '이끌다, 끌고 나가다'라는 의미처럼 출판계를 이끄는 리더로서, 혁신의 이미지를 담고 있다.

이 책의 음원(mp3)은 한국외국어대학교 지식출판원 홈페이지(press.hufs.ac.kr) – 게시판 – 자료실에서 다운받아 사용하시기 바랍니다.